中国古代十大思想家

人生逍遥者庄子

李朝阳　主编

黄河出版传媒集团
阳光出版社

图书在版编目（CIP）数据

人生逍遥者庄子 / 李朝阳主编. —— 银川：阳光出版社，2016.8（2020.12重印）
（中国古代十大思想家）
ISBN 978-7-5525-2947-0

Ⅰ.①人… Ⅱ.①李… Ⅲ.①庄周（约前369-前286）-哲学思想 Ⅳ.①B223.5

中国版本图书馆CIP数据核字(2016)第214668号

中国古代十大思想家 人生逍遥者庄子 李朝阳 主编

责任编辑 陈建琼
封面设计 民谐文化
责任印制 岳建宁

黄河出版传媒集团
阳 光 出 版 社 出版发行

出 版 人 薛文斌
地 址 宁夏银川市北京东路139号出版大厦（750001）
网 址 http://www.ygchbs.com
网上书店 http://www.shop129132959.taobao.com
电子信箱 yangguangchubanshe@163.com
邮购电话 0951-5047283
经 销 全国新华书店
印刷装订 河北燕龙印刷有限公司
印刷委托书号 （宁）0019181

开 本 710 mm × 1000 mm 1/16
印 张 9
字 数 168千字
版 次 2016年11月第1版
印 次 2021年1月第2次印刷
书 号 ISBN 978-7-5525-2947-0
定 价 27.00元

前　言

在中华民族长达五千年的历史长河中，勤劳勇敢的中国人凭借自身的聪明才智，创造了曾经领先于世界的古代物质文明，也创造了处于世界前列的古代精神文明。中国优秀的传统文化源远流长，深深根植于中华民族生存和发展的"土壤"中。

中华文化之所以能够屹立于世界民族之林，其原因是多方面的，其中十分重要的一点，就是智慧的中华民族，在长期的生产活动、社会活动、思维活动的过程中，逐渐创造、积累和发展了具有以生生不息的内在思想活力为核心的优秀传统文化。这些是"中华魂"的一个表现方面，是国学不可或缺的一个部分，是中华民族伟大而坚强的精神支柱，是民族凝聚力和生命力之所在，是亿万炎黄子孙引以为豪的无价之宝。

当然，我国的传统文化既有精华，又有糟粕。因此，我们持全盘肯定或全盘否定的态度是不对的。而一知半解、信口开河或以漠然的态度对待我们宝贵的传统文化同样也是不对的。

经过了一个多世纪的巨大的社会实验的验证，我们终于明白了一个道理：发展并不是一味地摒弃过去，发展的障碍往往是对过去的不屑一顾。也就是说，为了更好地走向未来，我们不能同过去的一切彻底决裂，甚至将过去彻底砸烂；而应该妥善地利用过去，在过去这块既定的地基上构筑未来大厦。如果眼睛高于头顶，只愿在白纸上构筑美好的未来，那么，所走向的绝不会是真正的未来，而只能是空中楼阁。

那么，我们该用怎样的态度去对待我们的传统文化呢？

1. **取精华，弃糟粕。**对待中国传统文化，就应该持辩证否定的态度，就像筛选谷物一样，去粗取精，去伪存真，就不会犯"要么肯定一切，要么否定一切"的形而上学错误。研究、分析中国的传统文化不是过多地探讨古人具体离奇的故事，而应有选择地学习民族精神中的独特优点和汲取精华部分。

例如儒家的"三纲五常"，如果依现代人看来，明显是糟粕，但是"三纲五常"最初的含义则是要我们对长辈、父母有一颗感激的心：比如"父为子纲"是发展到了一种极端的状况，开始的时候只是一种心灵的活动，父母养育子女，子女应该懂得感激和回报。这样，双方的心灵就会有一种互动，感受到对方的心意，这时，"情"才会出来，这就是性情的学问。如果从这个角度而言也有其可取之处的。再例如"君为臣纲"，封建社会要求臣下愚忠于皇帝，但皇帝是封建最高统治者，用皇帝的"朕即国家"来说，那也是爱国，忠君是糟粕，爱国却永远正确。

2. **淡形式，重内容。**形式和内容的关系是复杂的：同一内容，由于条件不同，可以有多种形式；同一形式也可以表现不同的内容；新内容可以利用旧形式，旧内容也可以利用新形式。内容与形式的关系并不是并列的、没有主从之分的，在两者之间，内容起着主导的、决定的作用。内容决定形式，形式为内容服务，这是文学作品内容和形式的一般关系。

我们学习传统文化也是如此，"师古不泥古，师古不复古"，并不是穿汉服、行官礼才是传统文化。学习传统文化要重在领会传统文化的精神和思想理念，其目的是为了滋养人格，领悟思想，改善行为。

3. **既传承，又创新。**创新，是传承基础上的创新，继承也是创新基础上的继承。继承传统的目的并不是固守传统，而在于推陈出新。创新是继承中的变革，渐进中的变革。传统文化要"古为今用"，弘扬传统文化时要注意传承，更要创新。

4. **先要学，后要用。**孔子说："学而不思则罔"。学习重在学用结合。只有学用结合，才能取得良好的学习成果。与纯粹的历史学不一样，弘扬中国传统文化有追求现实进步的含义，是"扬善"和"留美"，既要学，更在用，不是"坐而论道"，这是传统文化在新时期的价值归宿。即使是提倡"清静无为"的道学，老子在《道德经》中也是倡导"以正治国、以奇用兵、以无事取天下",而不是一味在书房朗诵"道可道,非常道"。

如儒家的"上善若水,厚德载物"思想,完全"古为今用"。其大致意思是:人的善心应该像水一样。水善于滋润万物而不与万物相争,停留在众人都不喜欢的地方,因此最接近于"道"。最善的人,最善于选择地方,心胸善于保持沉静而深不可测,待人善于真诚、友爱和无私,说话善于恪守信用,从政善于精简处理,能把国家治理好,做事能够善于发挥所长,行动善于把握时机。最善的人所作所为正因为有不争的美德,因此没有什么过失,也就没有咎怨。

"上善若水,厚德载物"也是现代很多企业价值观的核心。结合现代企业而言,企业所提供的产品或者服务本身就是服务于民众,解决社会的一些供求矛盾,而不是单纯的利润追求,这本身就是为善。当他们在为社会和民众服务得到一定的利润后,继而考虑把利润中的一部分拿出来继续投入到社会的发展中去,当然这也包含企业投入成本提高服务的品质或者产品的科研开发等等,而更重要的是很多企业也把很多的利润拿出来为社会的公益事业服务。

纵观我国古代思想史,最有成就和影响最大的十位思想家是:老子、孔子、孟子、庄子、荀子、董仲舒、朱熹、王阳明、黄宗羲、王夫之。他们的思想反映了中国古代思想发展的主要线索。

在物质欲望极度膨胀、科技文化高度发达的现代社会,许多人陷入了超重的生活而不自知。所以,现代人寻找精神家园、追寻生命的本真、探索思想的原始呼声就越来越高。

在本套丛书中,我们深入浅出地分析了中国古代对后世影响最深远的十大思想家的思想观念,力图呈现他们的思想特质。我们萃取他们的人生智慧,以期对现代人有所启迪。有人在怀疑古代思想家的智慧是否已经过时了,我们要说的是:古代十大思想家的智慧不会过时,历史的风雨不会使他们的智慧褪色。他们的智慧是人类的大智慧,既然是人类的大智慧应当属于所有的时代。他们的很多思想精髓能够滋养我们的精神,他们的很多人生智慧都能帮助我们解决现实的人生问题。

十大思想家似人世间的棋艺高手，以人世间的大智大慧将做人原则和治世理念，生存体验与生活智慧，精神境界和价格修养等等摆在一张棋盘上，不断变幻出深奥的棋局。他们以人性的目光关注纷繁复杂的社会人情，他们看重道德修养，他们的思想影响着中国封建社会几千年的礼乐文化、政治文化、制度文化、伦理道德、思维方式、价值观念、风俗习惯甚至治国安邦的总体思路。这些都是我们中华民族宝贵的精神财富。

让我们一起来聆听圣哲教诲，汲取人文给养吧！

目　录

第一章　庄子一生轨迹

庄子（约前369年—前286年），名周，字子休（一说子沐），战国时代宋国蒙人，著名思想家、哲学家、文学家，是道家学派的代表人物，老子哲学思想的继承者和发展者，先秦庄子学派的创始人。

庄子看上去看是个愤世嫉俗的人。他生活在战国时期，约比孟轲的年龄略小，曾做过漆园小吏，生活很穷困，却不接受楚威王的重金聘请，在道德上其实是一位非常廉洁、正直，有相当棱角和锋芒的人。庄子虽然一生淡泊名利，主张修身养性、清静无为，在他的内心深处则充满着对当时世态的悲愤与绝望，庄子虽然是一个不争、率性的隐者，但庄子却是一个对现实世界有着强烈爱恨的人。

正因为世道污浊，所以他才退隐；正因为对"螳螂捕蝉，黄雀在后"现象的深刻思索，所以他才与世无争；正因为人生有太多不自由，所以他才强调率性。庄子是以率性凸显其独特的人格魅力的。正因为爱的热烈，所以他才恨的彻底，他认为做官会戕害人的自然本性，不如在贫贱生活中自得其乐，其实就是对现实情形过于黑暗污浊的一种强烈的觉醒与反抗。

庄子主张精神上的逍遥自在，所以在形体上，他也试图达到一种不需要依赖外力而能成就的一种逍遥自在境界。他认为宇宙中的万事万物都平等的，他提倡要顺从自然的法则。他重视内在德性的修养，他认为如果德性充足的话，生命自然会流出一种神奇的精神力量。

庄子出生

大约公元前369年，一个叫庄周的孩子在宋国蒙城出生了，父亲为他取名为周，可能是向往文质彬彬的西周盛世吧。

"周"是个蕴涵丰富而深邃的语词，《易经》就被名为《周易》。春秋战国时，人们起名字都很随意，比如孔子的名叫"丘"，就是因为他的脑袋长得像曲阜城外的尼丘山；孔子的儿子出生时，国君送来了大鲤鱼祝贺，孔子就给儿子起名孔鲤；而郑庄公因"寤生"（难产），竟被起名叫做"寤生"，可笑之极。

庄子的家庭环境和父母的身份虽然不得而知，但从他文雅的名字"周"，从他那丰厚的文化素养和后来的窘迫生活来看，他可能出生于没落贵族家庭。他的少年时代在历史上也是模糊的，我们从史书上认识的庄周，已经是一个有着独立思想的成年人了。

漆园为吏

庄周曾经做过管理漆园的小官。漆园是个种植漆树的大园子，作为一个漆园小吏，庄周都能按宫廷规定的数额上缴漆。有时候，宫廷里声称财政紧张，不能按时发放庄周的俸禄，便发给他一些漆，让他自己到市场上去出售。庄周是个不计名利的人，对于身外之物，他一向认为只要够用就行了。因此，他有时也将宫廷里发给的漆赠送给其他因公务而认识的向他婉言求漆的蒙邑官吏。

虽然这只是个级别很低、待遇很差的官职，但就连这个差事他大概也没干多久。因此，庄周长期生活在贫困之中。据《庄子》书中的描写，他住在穷街陋巷，靠打草鞋维持生活，饿得面黄肌瘦；他身穿打着补丁的衣服，鞋子磨出了洞，用绳子绑在脚上。有人讽刺他，说他脖子很细长，像干枯的树枝一样，脸是黄黄的，这估计是营养不良造成的。

某年春荒庄周家里无米下锅了，他去向一个朋友借粮食，那是个管理黄河的一个河段的小官，人称监河侯。监河侯说很好，没有问题，等到年底领地的百姓给我交了租子以后，我可以借三百金给你。庄周很生气，因为庄周家里已经揭不开锅了，哪里还能等到年底呢？但庄周很幽默，他不直接点破，而是讲了一个故事，他说："我在来的路上听到一阵呼喊声，一看，原来有一条鱼在路边车轮碾成的小水坑中跳着喊救命，我就过去问是怎么回事。鱼说：请你弄一盆水来救救我吧。我告诉鱼说，没有问题，我到前面去引西江水来救你。鱼说，等你把西江水引过来，恐怕要到干鱼店去找我了。你引来的水很多，但我已经等不及了。

这个饿着肚子、生着气也能讲笑话的庄周，真是个很特别的人！

辞职归家

宋国的国君偃继位不到一年，便开始了荒淫无耻的生活，将仁义的招牌扔到了血泊之中。宋君偃为了满足他奢侈的欲望，便向全国百姓增加赋税，搞得本来就贫困不堪的宋国人民更加无以为生。宋君偃命令各地的漆园将产量增大到原来的二倍。如果不能如数交纳漆，漆园吏的脑袋就会作为他的酒壶。

庄子的弟子蔺且将宫廷送来的关于增加漆数的文件让庄周看了。庄周一句话也没有说，便独自一人走出漆园的大门。他的心情极为沉重。要增加漆的产量是不可能的，要向宫廷交差的唯一办法便是以君主的名义侵占附近的私人漆林。但是，这样的事庄周怎么能做得出来呢？

他一个人在山间的灌木丛中漫无目的地散步，这是他多年来养成的一习惯。每当心情烦恼的时候，他便喜欢到僻静的地方独自走一会，理一理自己的思绪。这样，他的心情就会逐渐平静下来。可是，这一天却不同往常，散步不但没有消除烦恼，反而使烦恼更加沉重了。

突然，他看见一只奇异的鸟从南方飞来。这个鸟的翅膀很长，但是却飞得很低、很慢，眼睛的直径约有一寸，但是却好像没有看见庄周，它竟直向庄周飞来，翅膀从他的额头上一擦而过。庄周觉得十分惊奇，从来没有见过这样的鸟，便尾随着它而来。他远远地看见那只鸟落在了漆园旁边的栗林之中，便顺手拾了一颗石子轻手轻脚地来到它的旁边，企图击落它。

但是，庄周却被一个触目惊心的场面惊呆了：

他看见一只蝉，正在一片树叶下面乘凉，它完全没有察觉到有一只螳螂正在不远的树枝上，准备扑过去抓住它。而这只准备扑蝉的螳螂，完全沉浸于即将得来的快乐之中，丝毫也没有注意到刚才落在栗树上的那只异鸟正在盯住它。而那只异鸟又全神贯注于快要到口的螳螂，根本没有发现它的身后还有庄周。

庄周猛然之间好像觉醒了。他自言自语地说："物因相累，二类相召也！"扔掉石子，回头便走。

看守栗林的虞人看见庄周从栗林中出来，以为庄周是一个偷栗的盗贼，便在后面追着叫骂。庄周加快脚步，一气跑过两座小山，那虞人才回去了。庄周在回漆园吏所的路上，边走边想：蝉得美荫，螳螂在后；螳螂扑蝉，异鸟在后；异鸟图谋螳螂，而庄周在后；庄周图谋异鸟，而虞人在后……

任何图谋他物的物，又被他物所图谋。任何贪图利益的人，又被别人作为利益贪图。蝉、螳螂、异鸟、庄周，四者之间有什么区别呢？他们都自以为是对方的主宰，实际上他们又都被别人主宰。他们都不是自己的主人，他们都是随时可供猎人攫取的猎物。

庄周回到漆园，将自己关在一个小屋里，三天三夜不出门、不说话、不吃饭。急得弟子蔺且在外面团团转。任凭他们怎么叫喊，庄周屋子里，没有一点动静。三天之后，庄周出来了。他整个人瘦了一圈，眼窝深陷，嘴唇干裂，就像大病了一场。蔺且将庄周搀扶到椅子上坐下，然后问道：

"先生，您为什么这样？"

庄周回答说："我为了一点小小的利益而忘记自己的生命安全，我整天在浑浊的水中游泳，而自以为找到了清澈的渊源。老子曾经说过：'入其俗，从其俗。'我任漆园吏，自以为是符合老聃的遗训，没想到差点将性命也丢掉。"

蔺且说："先生，您的意思是，这漆园吏不当了？"

庄周露出了一丝微笑，说："你真是我的徒弟啊，了解我的心思。收拾行李，准备回家。"

蔺且当即准备好墨汁、毛笔和绢帛，庄周写好辞职书，蔺且连夜送往朝廷去了。

过了几天，蔺且用一把独轮车推着庄周的妻儿，一行四人直奔老家而来。

迷而不茫

一天，庄子靠椅而坐，仰天而叹，沮丧得如失魂落魄一样。弟子侍立在旁，说："先生为何嘘叹？人的形体真可以像槁木，而人的心真的可以如死灰一样吗？今天靠着椅子坐着的人，不是昨天靠椅坐着的人吗？"庄子道："问得好。而今我丧失了自我，你可明白？"弟子道："自我是什么？弟子愚钝，实不明白。"庄子道：

"天下万物，都是彼此相对。故没有彼就没有此，没有你就没有我，这就是相反相成，可不知是谁使成这样的？是冥冥之中的道吗？道又是什么样子？骨骼、五腑六脏，遍存于一身，自我究竟是什么？我与谁亲近些呢？都喜欢它们，还是有所偏爱？如此，则百骨九窍、五腑六脏彼此有臣妾关系吗？如果皆是臣妾，这些臣妾之间到底是相互制约呢？或是轮流为君臣呢？难道其中真有主宰者吗？唉，人生一旦接受精气，成就形体，不知不觉中精力就耗尽了。天天与外物争斗摩擦，精神耗尽象马飞奔一样，而自己却不能制止，不亦太可悲了？终身忙碌而不见成功，颓然疲役而不知归宿，可不哀邪！虽说身体不死，有何益处？心神也随身体消亡，可不谓大哀乎！人之生时，本来就这样茫然吗？抑或只我独觉迷茫而别人都不迷茫吗？"

教授弟子

《庄子》和《老子》的教育宗旨是一样的，都是以实现"道"作为总的教育目的。但庄子认为"道"是不能分割和没有界限的，拿庄子的话说就是："道未始有封"，封指范围、界限。庄子笔下的理想人物不去追求左、右、伦、义、对立、竞争等各种差别，要求对于宇宙之外的事物根本就不要去谈论它；对宇宙内现实生活中的各种差别，如对立和竞争等，也都应采取不理睬、不评论的态度，以保持内心的宁静。

庄子画像

《庄子》将这种理想人物，有时称为"圣人"，有时称为"至人""真人"，其最高的品德，是只求心灵遨游于德的和谐的境地，把万物视为一体，保持不辨差别的思想境界。拿庄子的话说就是："天地与我并生而万物与我为一。"他以寓言形式描绘所希望的典型人物"泰氏"，睡时安闲舒缓，醒时逍遥自适，像是一无所知的样子。任人把自己称为马，任人把自己称为牛，他都不在乎。

《老子》认为"道"的本质是"无为"，而《庄子》则强调"道"的本质是"天放"，即"自然放任"，放肆自乐于自然之中，使人们完全从社会生活中超脱出来，当然，按照现代的教育实践来看，这完全是一种不切实际的教育空想。《庄子》这种出世主义教育思想，并不依托于上帝，而是寄托于虚无缥缈的"道"的追求。

《庄子》为培养无差别境界的理想人物，提出了具体的内容。

1. 齐是非、齐善恶、齐美丑。《庄子》从相对主义思想出发，认为是与非是相对的，"道"的核心就是不将彼与此对立，把"齐是非"观念看作是进入"道"的最高精神境界的枢要。这就要求人们领悟宇宙间的精髓和奥妙，在日常彼此相处中，"不谴是非，以与世俗处。"把是与非混同起来，听其自然并行，均衡发展。这就是说，要教育人们在日常生活中，对是非不置可否，抱超然、模棱两可的态度，以至随波逐流。《庄子》认为这样，天下的纷争就可以熄灭了。

《庄子》还认为，善与恶也是相对的，没有绝对的界限。譬如尧和桀都可以说自己是善的，也都可以说对方是恶的。尧和桀的品行的善恶是因时因人而异的，并没有"常"，即固定的界限。《庄子》比喻说：泉水干了，鱼就一同困在陆地上，用湿气互相嘘吸，用口沫互相湿润，互相救助，倒不如在江湖里彼此相忘。与其赞美尧而非议桀，不如把两者的是是非非都忘掉而融化于大道之中。《庄子》认为，仁义的论点，是非的途径，纷然杂乱，是没有办法加以区别的。

《庄子》又认为，美和丑也是相对的，并没有根本的区别。指出人们习惯于以自我为中心，这就导致了对万物的价值标准并不一致。举例说：毛嫱和西施是世人所认为最美的；但是，鱼认为不美，见了就深入海底；鸟也认为不美，见了就飞向高空；麋鹿也认为不美，见了就急速飞跑。这四者谁真正知道天下什么最美丽？由此，认为世界上是没有绝对的美与丑的。

《庄子》把是非、善恶、美丑观念完全看作是个人的主观成见，希望把这些统统忘掉而融化于大道之中，达到逍遥自得、顺应世俗、随遇而安的境界，这就倒向了相对主义和宿命论。当然，《庄子》承认一切事物都是相对的，可以转化的，是包含着朴素的辩证法的。

2. 无己、无功、无名、无情。《庄子》从破除以自我为中心，而从探索天地精神的思想境界出发，在培养人的道德品质方面，提出了"至人无己，神人无功，圣人无名"的思想。在《逍遥游》中生动地描述了"无己"的精神境界：他肌肤犹如冰雪一样洁白，容貌犹如美女一般柔美，不吃五谷，吸清风，饮露水；乘着云气，驾御飞龙，游于四海之外。他与万物混同为一体，丝毫不考虑自己：洪水滔天，不考虑自己会淹死；大旱熔化金石、枯焦土山，不考虑自己遭受炎热。《庄子》要人们超脱外物的牵挂，既不追求个人的功劳，也不计较个人的名位，达到物我两忘、与万物合而为一的境界。

《庄子》更从纯自然的思想出发，要求无情："有人之形，无人之情"。在这里，庄子要人对功、对名等自己的一切都要无动于衷，不以好恶喜怒哀乐的情感劳神，以致伤害自己的生命。

《庄子》教育人们具有无己、无功、无名、无情的精神，虽主张不计较个人的一切，但并不是提倡大公无私，而是看透功、名，不以好恶内伤其身，以达到个人精神上的超脱。

庄子的教育方法主要是以下三个方面：

1. 养生尽年。《庄子》为达到顺任自然的教育目的，在教育方法上非常重视养生，在《养生主》开头就提出了"保身""全生""尽年"的要求。要达到这一点，不仅对贫富、贵贱、利害、得失不计较，并要极力远离功名，要无拘无束而去，纯真无知而来。这就是养护生命的道理。所以，养生的方法莫过于顺任自然，并由此提出了具体的"缘督以为经"的方法，"督"是中虚的意思。王夫之注云："身后之中脉曰督。""经"指常道。"缘督以为经"就是指顺着自然虚隙，行中道以为常法的意思。《庄子》以庖丁解牛为例，说明宰牛要靠心领神会，顺着牛身上的自然纹理，劈开筋肉的间隙，指向骨节的空虚处。人们的道德修养也要如此，在复杂的盘根错节的人际社会中，要想游刃于是非、善恶空虚之处，如同不去碰牛的筋骨盘结处一样。能做到这样，可以保养身体，养育亲人，精神可以解脱，尽其天年。《庄子》在教育人们自我修养中已意识到掌握客观规律的思想，是极其精辟的。庄子认真细致观察事物，对技术精益求精的精神，至今仍不失其现实意义。

2. 顺任自然，反对教育。《庄子》认为纺织而衣，耕耘而食，是人的真常本性。所以治理天下，就要做到浑然一体而不偏私，即"自然放任"。由于圣人出现，急于求仁，急于为义，天下才开始迷惑。只有顺任自然，本性才不至于离失。庄子反对教育束缚人性的思想是可贵的，但由此否认教育在人性发展中的作用则是不科学的。

《庄子》从反对教育出发，进而发展到反对学习知识。庄子认为"吾生也有涯，而知也无涯"，意思是说：生命是有限度的，而知识是没有限度的，以有限的生命去追求没有限度的知识，就会弄得很疲困。就是说，《庄子》一方面认为知识是学不完的；另一方面，又把"人知"看成是一种污染，因而主张人应丢掉这些污染而回归赤子之心。这就否认了学习理性知识的必要性，使人们停留在原来的愚昧状态中。

3. 心斋坐忘。《庄子》为去除求名斗智的心念，使心境达于空明的境地，提出了心斋坐忘的学习方法。"心"，指精神作用；"斋"，斋戒，是指一种排除思虑和欲望的精神状态。庄子指出"唯道集虚"，只有保持"心"的虚静，才能得到奇妙的"道"。为使"心"能做到"虚"，《庄子》提出了"坐忘"的主张："离形"：要求遗忘自己的形体，抛开自己的聪明；"去知"：消解由生理所激起的贪欲，消除由心智作用所产生的坏的思想。如此，心灵才能开敞无碍，和天地大道融通为一，这样就达到了"坐忘"的境界。实际上，它是排除思虑和欲望的一种"不动心"的精神状态。

这和孟子主张要在学、思、行基础上"不动心"有所不同，而是否定学、思、行，不仅排除感性认识，也排除理性认识和人的实践，只保持一颗虚静的心。

《庄子》继承了《老子》的思想，在许多方面有了重大的发展，从而使道家真正成为一个与儒学旗鼓相当的学派，极大地丰富了以儒家伦理思想为主导的中国文化的形成和发展过程。它弥补了儒家伦理哲学不甚追求自然之所以的不足。

以下是庄子教导弟子的情形：

齐一万物，莫强分别

弟子问："人与天地相比，谁大谁小，谁贵谁贱？"庄子道："人成形于天地，受气于阴阳，立于天地之间，犹如小石小木之在大山一般，实在太渺小了，又凭什么自尊自大？计四海之位于天地之间，不似蚁穴之在大漠中乎？计中国之在海里，不似小米粒之在大仓库中吗？天地万物无数，人不过是其中之一；人与万物相比，不正像马匹上的毫毛吗？"

弟子似有所悟地说道："先生的意思是山外有山，天外有天吧？"庄子说："有这方面的意思。"弟子问："那么我以天地为大、以毫末为小，可以吗？"

庄子道："不可！任何物体，从度量上讲无法穷尽，从存在的时间上讲又无休无止，可以无限地分割下去，来无始，去无终。因此，大智大慧的人对待远近的看法是：小而不以为少，大而不以为多。他博古通今：远古虽遥不可及，但不感困惑；近虽伸手可及，亦不踮脚去取。他知天道有盈虚消长、得失存亡，故得而不喜，失而不忧。他明白天道坦荡，故生而不悦，死而无憾，知终始之变化也。计人之所知的东西，远不如其所不知的东西多；其生之时，不如其未生之时长久。人是渺小的，但要想探索广大的宇宙里面的知识，就会感到困惑。由此来看，又怎能知道毫末就足以定为至小至细的界限呢？又怎能知道天地就足以穷尽至大之域呢？"

弟子道："我明白了。先生您是说：大中有小，不要以大为大；小中有大，不要以小为小。"庄子道："似不确切。不如说：大上有大，小下有小。大无穷，小亦无穷。"

弟子问："那物里物外，怎样来分别贵贱，怎样去区别小大？"庄子道："站在道的立场上去看，万物无贵无贱；站在物的立场来看，自贵而相贱；以世俗的观点来看，贵贱不在自己本身，都以外在的荣辱毁誉作标准。以外在的差别去看，因其所大而大之，则万物莫不大；因其所小而小之，则万物莫不小。如果懂得天地如同米粒，毫末如同丘山，则无所谓大与小的分别了。古时候商汤王和周武王都是因为斗争而称帝的，但白公争夺王位却自取灭亡。由此来看，争让之礼、尧桀之行，贵贱有时，不一定常贵常贱。大柱可以撞破城门却不能塞住洞口，是因为用途不同；骐骥一日奔驰千里，捕鼠不如狸猫，是因为技能有别；猫头鹰夜能抓蚤，明察毫末，但白天即使双目圆睁却不见丘山，是因为性能有限。帝王禅接有不同的方式，或同姓相传，或传给他姓；三代间继承的方式也不同，或父子相继，或兴兵讨伐。但如不合时宜，有背世俗，则称之为篡夫；如合其时，顺其俗，则称之为义士。我说弟子，你怎能了解贵贱之门、小大之家？"

利害唯己，谁贵谁贱

弟子问："先生说，以道观之。无贵无贱，无大无小。那么有没有一定的是非标准呢？也就是说，先生您知道万物有一个共同认可的真理吗？"庄子说："我怎么知道?"弟子继续问:"那您知道您所不知道的原因吗?"庄子说:"我怎么知道?"
"那么万物就不可知了吗?"庄子说:"我怎么知道?即使如此,我不妨尝试着说
说。我且试着问你几个问题:人睡在湿地上则会腰痛,泥鳅会这样吗?人在树上
则心惊胆战,猿猴会这样吗?这三者谁是真确的呢?人喜欢吃蔬菜肉食,廖鹿吃
草,蜈蚣爱吃蛇,猫头鹰嗜鼠,人、兽、虫、鸟这四者谁是真确的呢?在我看来,
仁义之端,是非之途,或对我有利,或对彼有害,利害各有其标准,我怎能搞清
其中的区别?"

弟子问:"您不知利害,那至人也不知利害吗?"庄子说:"至人可神了!像这样
的人,乘云气,骑日月,而游乎四海之外,对待生死尚且无动于衷,何况利害之
端呢?"

逞能辩论,终于徒劳

弟子问:"辩论可否确定是非?"庄子答道:"假使我与你辩论,你胜了我,你就
是对的,我就一定是错的吗?我胜了你,我就一定对,你就一定错吗?我俩有一
个对,有一个错吗?抑或都对,抑或都错吗?我与你无法判断,则人各执己见,
没有统一的标准。那我们请谁来订正呢?请意见与你相同的人来裁判,既与你相
同了,怎能判定呢?请意见与我相同的人来裁决,既与我相同了,怎能判决呢?
请意见与我你都不同的人来裁决,既与你我都不同,又怎能断定你我究竟谁是谁
非呢?请意见与你我都相同的人来裁决,既与你我都相同了,又怎能裁定?那么
我与你与人都不能确定谁是谁非,再又靠谁来判定呢?"

弟子深感困惑苦恼,问:"那怎么对待是非问题呢?"庄子道:

"事物皆有两面。从彼方面看,无不是彼,从此方面看,无不是此。自彼方看
问题看不清楚,自此方看问题则很明白。故彼出于此,因彼而有此,彼与此是并
生的。既然这样,那么方生方死,方死方生;方可方不可,方不可方可;因是因
非,因非因是。因此圣人不拘泥于是非之途,而明照于天道。此亦彼也,彼亦此
也。彼亦有一是非,此亦有一是非,果真有彼此吗?果真无彼此吗?如彼与此俱
空,是非两幻,彼此不对立而互为偶,则道存于其中了。这就叫道枢。执道枢而
立于环中,以应无穷。是亦一无穷,非亦一无穷。以道言之,是无定是,非无定

非。照之以自然之明，而不固执我见，则无是非之说也。天地一指也，万物一马也。可乎可，不可乎不可。道行之而成路，物称之而有名。物固有所然，物固有所可。无物不然，无物不可。因此，粗与细，丑与美，正与斜，道通为一。其分也，成也；其成也，毁也。凡物无成与毁，复通为一。唯有旷达者知通为一！"

方今之时，仅免刑焉

一天，庄子偕弟子穿行在崇山峻岭之中。时值秋冬之际，万木凋零，枯草遍野，黄叶漫卷，乌鸦哀号。庄子破帽遮头，旧衣裹身，脚穿烂麻草鞋，踩着崎岖的山路，迎着萧瑟的秋风，望着惨淡的夕阳，不禁仰天长啸、放声高歌道：

> 凤兮凤兮，何如德之衰也！
> 来世不可待，往世不可追也。
> 天下有道，圣人成焉；
> 天下无道；圣人生焉！
> 方今之时，仅免刑焉！
> 福轻于羽，莫之知载；
> 祸重于地，莫之知避。
> 已乎，已乎！临人以德。
> 殆乎，殆乎！画地而趋。
> 迷阳迷阳，无伤吾行。
> 吾行却曲、无伤吾足。
> 至乐无乐，至誉无誉。

弟子不解，问道："先生一向乐观大度，今日为何悲歌哀叹？"庄子道："天下有至乐的国土吗？有可以养生全身的诀窍没有？身处当今乱世，干什么正当，不干什么无凶？住在哪儿为安，逃向哪儿无险？依就什么可靠，舍弃什么无忧？喜欢什么合理，厌恶什么无祸？"弟子道："天下人所尊崇的，是富贵、长寿、美丽；所喜好的，是身安、厚味、美色、美服、音乐；所鄙弃的，是贫贱、病夭、丑陋；

所苦恼的，是身不得安逸、口不得厚味、身不得美服、眼不得好色，耳不得好音乐。以上不就是常人的好恶避就、养生全身的道理吗？先生还有何高见？"

庄子道："倘若不能如愿，心中就很忧愁，其对待生命的态度，岂不是很愚蠢？弟子道："先生之意，是说富贵、长寿等都是外在的东西，都不足以真正地养生。对吧？"

庄子点点头，又道："烈士是为天下所称赞的人，未足以保全己身。你说烈士是该称善还是不该称善？若以为善，不能保全自己；若不以为善，却能保全他人。古人道：忠谏不听，则闭口莫争。伍子胥忠谏强争，结果被吴王害了性命；如不争，伍子胥又难成忠臣之名。你说怎样作才算善行？"

弟子似有所悟："先生是说：一味追求美名会损害生命，追求美名并非养生之道？"

庄子未置可否，继续说："现在世上快乐的人，我也不知其是真快乐还是假快乐？我看世俗之中令人快乐的事情，不过是都在追赶时髦，蜂拥向前如被鞭之羊，洋洋自得而不知追求什么，都自以为乐，我也不知是否是真乐。不过，我认为无为恬淡方是真乐，而世俗却不认为是这样。"

弟子道："我明白了。先生认为：至乐无乐，至誉无誉。"

庄子道："对，对！无乐方为至乐，无为方可保命。天下的是非都是很难界定的，不过，无为可以定是非。唯有无为可以保命。为何这么说呢？你想：天无为而自清，地无为而自运。此两无为相合，万物皆化生。恍恍惚惚，不知所出；万物纷纭，皆从无为而生。因此，天地无为而无不为，俗世之人谁能体会到无为的益处呢？"

一龙一蛇，与时俱化

师徒二人出了山，留宿于庄子故友之家。主人很高兴，命儿子杀雁款待。儿子问："一雁能鸣，一雁不能鸣，请问杀哪只？"主人道："当然杀不能鸣的。"第二天，出了朋友的家门，没走多远，弟子便忍不住问道："昨日山中之木，因不材得终其天年；今主人之雁，因不会叫而被杀。弟子糊涂，请问：先生将怎样解释这件事情？"庄子笑道："我庄子将处于材与木材之间。材与木材之间，似是而非，仍难免于累……"庄子欲言又止，弟子急待下文："那又怎处世呢？有材不行，无材也不行，材与木材间也不行，究竟如何是好？"

庄子沉思片刻，仰头道："如果按照道来行事就不是这样：无誉无毁，一龙一蛇，与时俱化，而不肯专为。一下一上，以和为量，浮游于万物之初，物物而不物于物，则还有什么可累的呢？这是神农、黄帝的法则。至于物之性、人伦之情则不然：成则毁，锐则挫，尊则议，有为则亏，贤则厚，不肖则欺。怎能免累呢？弟子记住，唯道德之乡才逍遥啊！"

弟子道："道德之乡，人只能神游其中；当今乱世，人究竟怎样安息？"庄子道："你知道鹌鹑、鸟雀是怎样饮食起居的吗？"

弟子道："先生的意思是说：人应像鹌鹑一样起居、以四海为家，居无常居，随遇而安；像鸟雀一样饮食：不择精粗，不挑肥瘦，随吃而饱；像飞鸟一样行走：自在逍遥，不留痕迹？"庄子微笑着点点头。

无用之用，方为大用

庄子与弟子，走到一座山脚下，见一株大树，枝繁叶茂，耸立在大溪旁，特别显眼。但见这树：其粗百尺，其高数千丈，直指云霄；其树冠宽如巨伞，能遮蔽十几亩地。庄子忍不住问伐木者："请问师傅，如此好大木材，怎一直无人砍伐，以至长了几千年？"伐木者似对此树不屑一顾，道："这何足为奇？此树是一种不中用的木材。用来作舟船，则沉于水；用来作棺材，则很快腐烂；用来作器具，则容易毁坏；用来作门窗，则脂液不干；用来作柱子，则易受虫蚀，此乃不成材之木。不材之木也，无所可用，故能有如此之寿。"

听了此话，庄子对弟子说："此树因不材而得以终其天年，岂不是无用之用？"弟子恍然大悟，点头不已。庄子又说："树无用，不求有为而免遭斤斧；白额之牛，亢曼之猪，痔疮之人，巫师认为是不祥之物，故祭河神才不会把它们投进河里；残废之人，征兵不会征到他，故能终其天年。形体残废，尚且可以养身保命，何况德才残废者呢？树不成材，方可免祸；人不成才，亦可保身也。"庄子愈说愈兴奋，总结性地说：

"山木，自寇也；膏火，自煎也。桂可食，故伐之；漆可用，故割之。人皆知有用之用，却不知无用之用也。"

藐视权贵

惠施也是宋国人，但做过魏国的宰相。庄周听说老朋友惠施当了魏国的宰相，就去了魏国。惠施害怕自己的相位被庄周抢去，于是，就在城中大肆搜捕他三天三夜。

庄周见到惠施后嘲弄地对他说："猫头鹰抓到一只腐烂的老鼠，喜欢得不得了，看见非梧桐不栖、非醴泉不饮的鹓雏飞过来，就赶紧把死老鼠紧紧捂住，它怕鹓雏抢它的死老鼠，难道鹓雏也稀罕那个臭老鼠吗！放心吧，我才不稀罕你的魏国呐。"说完，庄周就从怀中摸出自带的饼，嚼了起来。

濠水之辩

惠施是庄周唯一的朋友，这是众所周知的。这个人是一个名辩家。说起名辩家，人们可能有点陌生，"白马非马论"就是名家的著名人士公孙龙的代表论点。惠施的诡辩之才比公孙龙更胜一筹，他很喜欢辩论。从《庄子》一书看，惠施不但是庄周的密友，也是论敌，两人既离不了又合不得。惠施喜欢功名利禄，庄周最爱自在逍遥，他们的人生观有着极大的冲突。《庄子》书中，共记录了庄周与人的二十二次对话，其中十次是跟惠施说的。事实上，惠施不仅是庄周唯一的朋友，也是庄周实有其人的唯一见证。因为在历史上惠施确有其人，所以，也就间接证明了：确有庄周其人。庄周经常和惠施辩论，他有很多精彩的思想都是通过和惠施的辩论表达出来的。

有一场著名的濠梁之辩——濠水上有一座桥，庄周和惠施散步到那里，站在桥上看着清澈的濠水，庄周叹了一口气，鱼在水里游来游去真是很快乐。惠施说：你又不是鱼，你怎么知道鱼快乐呢？两个人见面就抬杠。庄周反驳道：你又不是我，你又不是我，你怎么知道我不知道鱼快不快乐呢？惠施说：好，我不是你，我确实不知道你是不是知道鱼快乐，按这个道理，你不是鱼，你也不能知道鱼是不是快乐。庄周说：这个问题又转回来了，你不是我，你怎么知道我不知道鱼快不快乐呢？庄周的诡辩之才可见一斑！两个好朋友在一次次的辩驳、争论中丰富了自己的思想，加深了相互的友谊。

自由之龟

战国中期的庄子过着隐士一样的生活，日出而作，日落而息，土里刨食，地里掘粮。连年不息的战争与困顿的饥馑像阴霾的两座山压在这个近五十岁的老人身上。这个时候，有人雪中送炭——送金子来了。庄子正在濮水边钓鱼，但不是像姜太公那样垂而不钓，能够钓上几尾鱼的话，至少可以解决中餐的问题了。来的是楚威王派来的两位大夫。

"庄老，我们大王想请先生为相。这是我们大王给您的重礼"，大夫毕恭毕敬地站在岸边说。

庄子笑了："重礼可以不让我日日坐在河边，被太阳暴晒来钓几尾区区小鱼维持我的生计；重礼可以让我住进豪宅深院，享受人生富贵；重礼可以让我阅尽天下美色坐上最昂贵的马车逍遥世外。你们大王真会想呀。"

"庄周，您想通了？"

庄周说："听说你们楚国有一神龟，已经死了三千年。你们大王把神龟的骸骨精心保存，供在庙堂之上。这头神龟，究竟愿意死了留下骸骨而被当作宝贝呢？还是宁愿活着摇着尾巴在泥滩上爬呢？"老庄没有直接回答大夫而是这样问道。

"庄周，您说哪去了，换上我们，宁愿活着摇着尾巴在泥滩上爬也愿意咧"。

"那你们还来问我干什么？"庄周脸上愠色开始加重。

"庄周，这卿相之位不尊贵吗？这飞来横财不富贵吗？"两位大夫向来对眼前这位赤贫者庄周不屑一顾。

"你们怎么就看不到郊外祭祀的时候作献礼的牛呢? 你们日日用很好的食物喂养它, 几年后祭祀的时候又给它穿上各种花纹的衣服。但是, 当你们把它牵进庙里任人宰杀的时候, 它是多么想做一只自由自在的小猪。可是, 这办得到吗?"

"庄周老先生, 你到底去还是不去?" 显然, 两位使者也开始不客气了。

"你们快回去吧, 不要来玷污我。我愿意做普通的牛, 做活的神龟, 做自由自在生活在臭水沟里的小猪, 也比那劳什子国相更洒脱更自由。"

两位大夫知道请不动庄周, 于是, 他们就很不情愿地回去复命去了。

穷非潦倒

《庄子·山木》载: 一次, 庄子身穿粗布补丁衣服, 脚着草绳系住的破鞋, 去拜访魏王。魏王见了他, 说:"先生怎如此潦倒啊?" 庄子纠正道:"是贫穷, 不是潦倒。士有道德而不能体现, 才是潦倒; 衣破鞋烂, 是贫穷, 不是潦倒, 这是生不逢时的原因啊! 大王您难道没见过那腾跃的猿猴吗? 如在高大的楠木、樟树上, 它们则攀缘其枝而往来其上, 逍遥自在, 即使是善射的后羿、蓬蒙再世, 也奈何他们不得。可要是在荆棘丛中, 它们则只能胆战心惊, 惊恐度日了, 这并非其筋骨变得僵硬不柔灵了, 乃是处势不便, 不能施展他们的才能的原因, 现在我处在昏君乱相之间而想要不潦倒, 怎么可能呢?"

巧论三剑

战国时代, 赵国的赵文王特别喜欢剑术。投其所好的剑士们纷纷前来献技, 以至宫门左右的剑士达三千人之多。他们日夜在赵文王面前相互拼杀。每年为此而死伤的人数以百计, 但赵文王仍兴趣不减。于是, 民间尚剑之风大盛, 侠客蜂起, 游手好闲之徒日益增多, 耕田之人日益减少, 田园荒芜, 国力渐衰。其他诸侯国意欲乘此机会攻打赵国。

太子赵悝为此忧虑不已，召集左右大臣商量道："如此下去，必将国破家亡，为别国所制。诸位大臣中，如有既能悦大王之意，又能止剑士相斗者？吾将赏赐千金。"左右异口同声说："庄子可担此任。"太子问："庄子是什么人？"一大臣答："庄子是个隐士。其才足可经邦，其能足可治国，其辩可以起死回生，其说可以惊天动地。如能请他前来，定能顺大王之意，又能救民于水火。"于是，太子便派使者带上千金去请庄子。

庄子见了使者，听明来意，说道："此事何难，竟值千金之赏？"坚辞不收千金，而是同使者一道去见太子。庄周问太子道："太子赐我庄周千金大礼，不知有何指教？"太子道："闻先生是一个贤明的人，特奉上千金作为您的学生们一路上来的开销。先生不收下，我赵悝还敢说什么呢？"庄子说："听说太子想要用我庄子的地方，是想要使大王改掉他的癖好。倘若我劝大王而违反了大王的意思，就会有负于太子，我也会受刑而死，要千金何用？假使臣既能上讨大王之欢心，下又使太子称心，我在赵国何求而不得呢？"

三天后，庄子身穿儒服来见太子。太子便带他去见赵文王。文王长剑出鞘，白刃相待。庄子气宇轩昂，神情盎然。见到赵王也不拜。大王道："太子介绍您来，想要教给寡人什么东西啊？"庄子道："臣闻大王好剑，故特以剑术拜见大王。"王说："您的剑术有何特长？"庄子说："臣之利剑锋利无比，臣之剑技天下无双，十步杀一人，千里不留行。"文王听了，大为欣赏，赞道："天下无敌矣！"庄子道："愿大王给机会，让我得以一试我精湛的剑术。"文王道："先生且休息几天，在馆舍待命，等我安排好后，再请先生献技比剑。"于是，赵文王以比剑选择高手，连赛七天，死伤者六十余人，得五、六位佼佼者。便让他们持剑恭候于殿下，请庄子来一决雌雄。庄子欣然前来，赵文王下令："此六人都是高手，望您大显身手，一试锋芒。"庄子答道："盼望好久了！"

赵文王问："不知先生要持什么样的剑？长短何如？"庄子答："臣持什么剑都可以。不过臣有三剑，专为大王所用。请允许我先言后试。"大王点头，道："愿闻三剑究竟何样？"庄子道："此三剑分别是：天子剑、诸侯剑、庶人剑。"大王好奇相问："天子之剑何样？"庄子道：

"天子之剑，以燕溪、石城为锋，齐国、泰山为愕，以晋、卫两国为背，以周、宋两国为首，以韩、魏两国为把，包以四夷、裹以四时、绕以勃海，系以恒山，制以五行，论以刑德，开以阴阳，持以春夏，行以秋冬。此剑直之无前，举之无上，按之无下，挥之无旁。上决浮云，下绝地维。此刻一出，匡正诸侯，威加四海，德服天下。此即我所谓天子剑也。"

文王听后，茫然若失。又问："诸侯之剑何如？"庄子道：

"诸侯之剑，以智勇之士为锋，以清廉之士为愕，以贤良之士为背，以忠圣之士为首，以豪杰之士为把。此剑直之亦不见前，举之亦不见上，按之亦不见下，挥之亦不见旁。上效法圆天，以顺三光；下效法方地，以顺四时；中和民意，以安四乡。此剑一用，如雷霆之震动，四海之内，无不宾服而听从君命。此乃诸侯剑也。"

文王听了，频频点头。文王接着问："庶人之剑又如何？"庄子道：

"庶人之剑，蓬头突鬓垂冠，浓眉长须者所持也。他们衣服前长后短，双目怒光闪闪，出语粗俗不堪，相击于大王之前，上斩脖颈，下刺肝肺。此庶人之比剑，无异于斗鸡，一旦不慎，命丧黄泉，于国事无补。今大王坐天子之位却好庶人之剑，臣窃为大王深感遗憾！"

赵文王听了，马上起身牵庄子双手上殿。命厨师杀鸡宰羊，好酒好菜款待庄子。赵文王绕桌三圈。庄子见了，道："大王且请安坐定气，臣剑事已奏完毕了。"文王坐下，沉思良久。

赵文王自听庄子畅论三剑后，三月未出宫门。自此戒绝好剑之痛，一心治理国家。那些剑士自觉再无出头之日，个个心怀忧惧，不久都纷纷逃散或自杀了。

送妻升遐

　　庄子的妻子病死了。好朋友惠子前来吊唁，见庄子正盘腿坐地，鼓盆而歌。惠子责问道："人家与你夫妻一场，为你生子、养老、持家。如今去世了，你不哭亦足矣，还鼓盆而歌，岂不太过分、太不近人情了吗？"庄子说："不是这意思。她刚死时，我怎会独独不感悲伤呢？思前想后，我才发现自己仍是凡夫俗子，不明生死之理，不通天地之道。如此想来，也就不感悲伤了。"

　　惠子仍愤愤不平，质问道："生死之理又如何？"

庄子老年像

庄子说道：

　　"察其生命之始，而本无生；不仅无生也，而本无形；不仅无形也，而本无气。阴阳交杂在冥茫之间，变而有气，气又变而有形，形又变而有生，今又变而为死。故人之生死变化，犹如春夏秋冬四时交替也。她虽死了，人仍安然睡在天地巨室之中，而我竟还悲哀地随而哭之，自以为是不通达命运的安排，故止哀而歌了。"

惠子说："理虽如此，情何以堪？"庄子道：

"死生，命也；其有夜旦之常，天也。汝身非汝有也，是天地之委（托付给）形也；生非汝有，是天地之委和也；性命非汝有，是天地之委顺也；子孙非汝有，是天地之委蜕也，故生者，假借也；假借它而成为生命的东西，不过是尘垢。死生犹如昼夜交替，故生不足喜，死不足悲。死生都是一气所化，人情不了解此理，故有悲乐之心生。既明其中道理，以理化情，有什么不堪忍受的呢？况且得者，时也；失者，顺也。安时而处顺，哀乐不能入也。"

穷通自乐

转眼又去数年，也到了庄子大限之日。弟子侍立床前，泣语道："伟大的天地，又将把您变成什么呢？将送您到何处去呢？化您成鼠肝吗？化您成虫臂吗？"庄子道："父母对于二字，令儿子去东西南北，儿子只有唯命是从。天地于人，不啻于父母。它要我死而我不听，我则是忤逆不顺之人，有什么可责怪它的呢？善待吾生者，亦同样善待我死。弟子该为我高兴才是啊！"

弟子听了，竟呜咽有声，情不自禁。庄子笑道："你不是不明白：生是以死为结束，死也是生的开始。人之生，气之聚也。聚则为生，散则为死。死生为伴，通天一气，你又何必悲伤？"

弟子道："生死之理，我何尚不明。只是我跟随您至今，受益匪浅，弟子却无以为报。想先生贫困一世，死后竟没什么陪葬。弟子所悲的，就是因为这个！"庄子坦然微笑，说道："我以天地作棺椁，以日月为连璧，以星辰为珠宝，以万物作陪葬。我的葬具岂不很完备吗？还有比这更好更多的陪葬吗？"
弟子道："没有棺椁、我担心乌鸦、老鹰啄食先生。"庄子平静笑道："在地上被
乌鸦、老鹰吃掉，在地下被蝼蚁、老鼠吃掉二者有什么两样？夺乌鸦、老鹰之
食而给蝼蚁、老鼠，何必这样偏心呢？"

庄子的一生，正如他自己所言：

不刻意而高，无仁义而修；无功名而治，无江海而闲；不道引而寿，无
不忘也，无不有也；其生也天行，其死也物化；静而与阴同德，动而与阳同
波；不为福先，不为祸始；其生若浮，其死若休，淡然独与神明居。

庄子者，古之博大真人哉！

第二章　庄子的向往

世界本无所谓高低贵贱之分，无论是一只鸟还是一朵花，或是一棵参天大树，它们都是一种生命，都有它们生存的价值与意义。蝶之变后，生命简单而洒脱，人心的一切偏见和疏远都不复存在了。可以看看庭外花开花落，可以观看天际云卷云舒。在世人的眼中，庄子就是一只蝶，在空中逍遥的飞舞。他散出的洒脱与天地融为一体，那功名利禄在他眼中宛如一粒沙，在他的心中显得那么渺小，那么微乎其微。

庄生梦蝶

庄子喜欢白天睡觉，经常梦见自己变成蝴蝶，在园林花草之中飞舞，醒来时，就感觉自己的两只胳膊好像翅膀一样可以飞动，觉得奇怪，一天就在老子讲《易》的闲暇时间，把此梦告诉了老子，老子是大圣人，知道人的前生后世，指出庄子的前生就是一只白蝴蝶。从此，庄子旷达人生，大智彻悟，把一切世事看作行云流水。

其实从理性的角度讲，这当然是不大现实的，可是当初庄子僵卧草席，梦见自己化为蝴蝶，竟尔对梦与觉的界限提出怪异的疑问："不知周之梦为蝴蝶与？蝴蝶之梦为周与？"的时候，就深深道出了庄子博大精深的人生观。由于他师承老子，道心坚固，所以在认知上和佛门涅槃学说有着异曲同工之妙。他认为，万事万物平等齐同，而认知上的是或非、然或否都是相对的，是人的私心成见所致，梦就是醒，醒就是梦，万物始于一，复归于一。所以庄与蝶、梦与觉相互转化，彼此渗透，最后成为浑然一体，庄子是借庄、蝶交会贯通；物、我消解融合的美感经验，让人们去领略"物化"的佳境。

自由自在的蝴蝶

庄子虽然自己梦见蝴蝶，但他却坚持"古之真人，其寝不梦"的说法，这样的真人大概世上是绝无仅有的。

后世中人们也经常说梦，可大多是借梦抒发自己的心志或愿望，像唐人小说中，沈既济的《枕中记》、李佐的《南柯太守梦》都是写人生无常，飘忽不定的感受，给人一种灰色悲凉之感。

庄子的"蝴蝶梦"中却有着充满魅力的变形美，表达了人类思想史上异化最早的梦想，蝴蝶象征着人的无拘无束、天真烂漫的本性。

庄子的时代，罪恶之花、苦难之果遍布人间，财富、权势、野心、贪欲，已成为挡不住的诱惑，侵蚀着人类羸弱的身心。而梦中之蝶则摆脱了尘世的逼压和囚禁，逍遥于自由的伊甸园。化蝶又恍如登山，是人性的回归，是古往今来普天下芸芸众生热切的梦想。

所以人说庄子的思想颓废而没落，实在是一种误解。迷人的"蝴蝶梦"不正是四射着乐观而美丽的光环吗？

庄子的"蝴蝶梦"，给人一种不怕困难的乐观的人生观，不管人生遇到什么样的坎坷和挫折，不管生活经历什么样的灾难和凶险，我们也许会像庄子"鼓盆而歌"那样，做一个美丽的"蝴蝶梦"，化成美丽的蝴蝶徜徉在姹紫嫣红的花草丛中。庄子的"蝴蝶梦"中有着充满魅力的变形美，表达了人类思想史上异化最早的梦想。

破茧成蝶是一种生活的一种态度，是人生的一种境界。人在逆境中能够破茧成蝶，就会获得生命的欢愉和快慰，能够超然像庄子一样。

坐井观天

公孙龙的困惑《秋水》篇中讲了一个井蛙自以为大的故事：

公孙龙请教魏国的公子牟说："请问先生，我小的时候学习先王治世的道理，长大之后懂得了守仁行义。后来又建立了一种将相同与相异合而为一、将一物的坚硬与白色分为两体、一件事情是这样又不是这样、一种行为既可以又不可以的学说。我用这种学说与诸子百家进行辩论，耗尽了他们的智慧，使他们无言以对，所以我以为自己的学说达到了顶点，至高至深，再也没有能超过它的了。可是今天听到了庄子的言论，觉得很茫然，感到非常奇异。不知道是他的道理没有说透呢，还是我的智慧没有达到呢？以至在他的面前我都无从开口。他这究竟是一种什么学问呢？"

公子牟长长地叹了一口气，之后仰面大笑说："先生难道没有听说井中之蛙的故事吗？一只在井中生活的青蛙好心好意地邀请东海的大鳖来家做客，说：'鳖先生，我在这里生活得非常快乐。上来可以在井砖上跳来跳去，下去可以躲在破砖下安眠休息，进了水里可以浸泡我的腋下和两腮，踏入泥里可以没过我的两足和膝盖。环视周围的蟹是蝌蚪，没有一个能像我这样的。且不说我独霸一井之水，享受跳跃之乐，这种生活也可以说是到头了吧？你为什么不经常到我这里来游览游览呢？'东海之鳖听完之后准备到井下去看一看，可是它的左脚还没有跨入井中，右腿已经卡在了井上，于是赶忙抽了回来。苦笑着说：'看来你这种享乐我是很难领受了。你大概没有听说过东海吧？

东海那个大呀，真是没法形容，千里之远不足以说明它的广阔，千丈之高不足以衡量它的深邃。大禹的时候，十年九涝，可是水入其中海面也不见增高；商汤的时候，八年七旱，可是汽蒸其上海面也不见降低。不因为时间久远而变化，不因为水多水少而变高变低。'井中之蛙听了之后自感形秽，呆呆地，像是丢了什么东西一样，半天也不说话。由此看来，智慧不足以辨别是非的人想要欣赏庄子言论，那就好像是让蚊子背负大山、让小虫游过大河一样，一定是办不到的呀。那些智慧不足以辨别极妙言论而只图一时堵塞他人之口的人，不正像井中之蛙一样无知吗？况用像庄子的言论，那都是一些脚踏黄泉而足蹬苍天，无北无南而形体消散，奇妙莫测而无东无西，茫茫中来而归于玄玄的方外之语，而你却用常规的眼光观察它，用常规的思维来分辨它，那不是犹如用管观天、用锥量地，太小了吗？你还是快快离开吧！你没有听说燕国少年到赵国学习走路的故事吗？不但没有学会赵国走路的方法，结果把自己燕国走路的方法也忘掉了，最后只好爬着回去。你要是不早早离去，也将会忘掉你自己的学问，失去你自己的职业。"

故事是说庄子的学问博大精深、非同常理，不是一般的人所能通晓的。一般的人只能理解物理常规、人世常情，北面就是北面，南面就是南面，黄泉就是黄泉，苍天就是苍天，却难以理解既不是北面又不是南面，既踏着黄泉又顶着苍天。而庄子的混沌学说恰恰是什么也是什么也不是的学问，所以被人称为怪诞。

不过在庄子看来，难为常人理解，并不是因为自己的学问怪诞，而是常人的见识浅薄。常人不能理解自己的学说，就像是井中之蛙没有见过东海一样。井蛙没有见过东海，自为独霸小井，为天下最大，没想到它所谓的最大连海鳖的一条腿都放不下。常人生活在方内，没有见过方外，所以认为方内物理是真理，方外至理是荒诞。

时间的考验

庄子的这种思想虽有一半属于自负，但却包蕴着一半智慧。说到智慧，是因为它告诉了人们两个道理：一个是，不管自己的学问有多高、本领有多大，都不值得骄傲自大，因为世界是无限的，学问是无边的，自己的学问和本领只是沧海之一粟；另一个是，不要以为自己不知道的事情就是子虚乌有，不要以为自己不理解的道理就是荒诞不经，因为环宇是无边的，事物是纷繁的，自己的见识和经验受到了生活环境的局限。

在庄子看来，高深的学问之所以难被人理解还有另一方面的原因，那就是人们一时看不出它的功用来，以为它不过只是一种无稽之谈。然而一时显不出效用的东西并不是无用的东西，它的功用只有通过长期的过程中才能体现出来。而也正因为有了那种长期过程的积累，所以一理它的功用显示出来了，那种功用就不是一般东西所可以拟的，它会将幸福广播于人间，使天下深得其惠。而那些或许有些小用的方技，一时间可能得宠于人，但终无大用，或许从根本上还会有害于人。

大竿钓鱼

《外物》篇中讲了一个任公子钓鱼的故事。故事说：

> 任公子做了一个大大的钓鱼钩和一根又粗又长的钓鱼绳，用五十头犍牛作鱼饵，蹲在会稽山上，把鱼竿甩到东海之中，一天又一天地在那里等着。可是一年过去了，没有鱼来上钩。后来终于有一天有一条鱼游了过来，吞下了他的鱼饵，将鱼钩深深地卡在了咽喉之处。只见它急忙向海底窜，把那海水搅成了一个山谷一样的大漩涡；又见它奋力向上，掀起了层层山峰似的大波浪，只听那海水震荡，经久不息。任公子钓到了只大鱼，把它切成肉块，做成腊肉，自制河以东到苍梧以北，没有未曾吃过他的这条鱼的。

后世那些轻浮浅薄、只以道听途说为才学的人，听到此事则惊叹不已，纷纷相互转告。

平时都是用那小鱼竿，到那小河沟里去守候那些小鱼儿，想要得到大鱼自然是很难的了。那些把没有价值的说法粉饰一下去向县令献计献策的人，距离那通达的大道可是远着呢。所以，没有听说过任公子这种风度的人，距离那经世之道也是很远很远的呀！

任公子期一整年都没有钓上鱼来，不是钓鱼技术不佳，而是因为他的志向在于能震乾坤的大鱼，所以他用的鱼钩很大很大，他用的鱼绳又粗又长，脚蹲会稽山上就能把鱼竿甩到东海之中，一只鱼饵就有五十头犍牛。这样的渔具，不要说是小鱼，就是大鲸想要上钩，也是上不来的哟。

在一般的人看来，这样的渔具是无用的，一年都钓不上一条鱼来，而实际上并不是无用，而是能钓大鱼，有大用。需要知道的是，这种功用的实现不能一蹴而就，而需要时日的磨炼，因为大鱼是很少的。这就是老子所说的道理："大器晚成。"

这样的志向，不成则已，一旦成功，那将惊天动地，惠及天下。这就是大功能的价值。正是出于这种思想，所以故事说：任公子钓上的大鱼，翻滚于海，掀起巨澜，其声震天；分割其肉，天下共享，遍及山之北、海之南。

一些人之所以对此惊讶不已，那是因为他们学识浅薄、眼光狭小，只知用一些雕虫小技向小小县令献媚，而难以干出大事业，难以经天营地。

庄子以此说明自己学说的大功大用，讥讽那些只知域内而不知方外的浅薄之士，认为他们的智能还不足以理解自己的思想。

斑鸠之乐

这个故事源于《庄子·逍遥游》。说的是这样的一个故事：

知了和斑鸠不知道鲲鹏高翔的道理，它们看大鹏费这么大的力气往南飞去，讥笑道："我腾地一下就飞了起来，碰到树枝、房梁就落到上面，即使这样，有时候还飞不到上面，累了就只好落在地上休息一会。为什么要费那么大的力气，高飞九万里而去南面呢？"

懂得小道理的不懂得大道理，生命短促的不理解生命长久的。夏天鸣叫的知了永远不知道世上还有春天和秋天，这是因为它们的生命太短促了啊！楚国的南面有一种灵龟，以五百年作为春天，以五百年作为秋天；上古时候有一种椿树，以八千年作为春天，以八千年作秋天。彭祖是古代一位长寿的老人，据说活了八百岁。一般的人要与他比较长寿，那不是很可悲吗？

商汤王与夏棘也曾经谈到过类似的故事。当时他们是在讨论上下四方有没有边际的问题。夏棘说："在什么也不生长的边远北方再往北，有一个辽阔的大海。名叫天池。天池里面有一种鱼，宽度足有几千里，而长度那就没有人知道了。这种鱼的名字叫做鲲。在那里还有一种鸟，名字叫鹏，脊背像高大的泰山，羽翼像遮天的乌云，搏击长空，盘旋而上，高达九万里。驾着云气，背负青天，而后向南飞，它是要到南海去，小雀看到了讥笑道：'它是要往哪里飞哟？我腾地一下就飞起来了，大不了飞上几丈高就下来，在蒿草之间飞来飞去，这也就算是飞翔的极限了。而它这是要往哪里飞哟？'而这就是大小两种不同东西的区别呀！"

衡量世界

由此看来，才智可为一方长官、品行可统一乡之众、德性适为一郡为主、能力可做一国之君的人，自己看待自己，大概都像小雀一样，认为已经达到极限了。天下的人都颂扬他也不会欢欣，天下的人都诅骂他他也不沮丧。他明白身内与身外的分别，善辩荣誉与耻辱的境界。这可以说是到了头了吧！他在处世方面已经达到了不在意小事的程度，不过他仍然有不足之处。

从这个角度上它告诉人们，不要用自己的光去衡量天下，不要用自己的见识去局限天下。天地辽阔，事物众多，用一己之见窥天下，不仅不能理解天下，而且会犯以框大的错误。正像知了、斑鸠和小雀不能理解大鹏为什么要飞翔一样。

但从另一角度去理解，知了与斑鸠讥笑扶摇直上的大鹏，在它们身旁的人听见后嘲笑它们的无知。但用庄子的相对论来解释的话，无知也是相对的。幸福的感觉有时是靠无知树立的。正是因为知了与斑鸠的无知，所以它们容易满足，是最幸福的，这便是所谓"井底之蛙的幸福"。相反，大鹏因为有知反而不幸，即使它飞得再高也无法到达天顶，宇宙无限广大，最终它只得哀叹自己的渺小。

事物的齐一性

我们都知道，没有比较就没有鉴别，但庄子却在比较中发现了事物的齐一性。万物的本性和天赋的能力各有不同。它们之间的共同点是：当它们充分并自由发挥天赋才能时，便感到同样的快乐。大鹏鸟和小斑鸠的飞翔能力全然不同。大鹏能够扶摇直上九万里，小斑鸠甚至从地面飞上树枝都很勉强。但是，当大鹏鸟和小斑鸠各尽所能地飞翔时，都感到自己非常快乐。

庄子认为，人类从功利主义的角度，将自然万物区分为高低贵贱、有用无用，是一种片面的、简单化的、错误的态度。若从"道"，即自然界本身来看，绝无高低贵贱之分。大至展翅万里的鲲鹏，小到蝼蚁、朝菌，形体虽各有大小，生命虽各有长短，却都有其存在的价值，这就是"齐物论"。

何为幸福

幸福只是内心的一种感觉。无论拥有多少外在的物质财富，每个人幸福的重量是相等的。一个蹬三轮车的穷汉相比开豪华奔驰的拥有者，其幸福感不一定就少。蹬三轮车，渴了喝一碗凉白开，饿了吃一碗麻辣面，浑身有说不出的舒坦；每天开豪华奔驰，潇洒舒畅的感觉也不会时时都有。幸福在哪里？有一首歌唱道："幸福远在山的那一边，水的那一边。"所谓的"远"，是相对于我们对幸福的渴望来说的吧。当你富甲天下，却没有一个真心爱你的人，你幸福吗？当你贵为天子，却失去了行动的自由，处处受羁绊，你幸福吗？幸福不在山的那一边，也不在水的那一边，幸福在我们心底：幸福是热恋中人的相视一笑；是老夫老妻的相依相携；是学子的高考录取通知书；是富商的纯情恋人；是帝王的布衣知己。如果你珍视生命中的每一点滴，那么，无论你是王子还是贫儿，你都是一个幸福的人。

在庄子看来，不苛求、不怨愤、顺其自然的人生才是最幸福的人生。每个生命都是太阳底下的新事物，以前从未有像他一样的东西，而且永远也不会再有。无论自己能力大小，只要做自己能够做到的一切，都能获得自在与幸福。如果你是一条小河，就努力流入大海吧；如果你是一棵小草，就尽情地展示你的绿色吧；

如果你是一片浮云，就随风飘荡去看世间美景吧。我们每人都是一盏灯，都有一份小小的温暖，可以唤醒人间的欢乐、神圣和美好，化解愁苦与悲凉。

人生的每个时期，都有每个时期的"好"。童年有童年的好，成年有成年的好，老人有老人的好。所以，符合道的生活态度是：珍惜现在的生活，从中找到乐趣。不要沉溺于回忆过去的美好时光，也不要寄希望于以后会有美好的生活。好的生活就在现在。这也许就是庄子笔下的小斑鸠之乐给我们的启示吧。

朝三暮四

这个成语原意是指实质不变，用改换名目的方法使人上当。现在通常用来比喻做事不专一。这个故事源于《庄子·齐物论》：

> 有一年碰上粮食歉收，养猴子的人对猴子说："现在粮食不够了，必须节约点吃。每天早晨吃三颗橡子，晚上吃四颗，怎么样？"这群猴子听了非常生气，吵吵嚷嚷说："太少了！怎么早晨吃的还没晚上多？"养猴子的人连忙说："那么每天早晨吃四颗，晚上吃三颗，怎么样？"这群猴子听了都高兴起来，觉得早晨吃的比晚上多了，自己已经胜利了。

其实橡子的总数没有变，只是分配方式有所变化，猴子们就转怒为喜。那些追求名和实的理论家，总是试图区分事物的不同性质，而不知道事物本身就有同一性。最后不免像猴子一样，被朝三暮四和朝四暮三所蒙蔽。

一个聪明人总是依客观条件来看事物，而绝不会被主观情绪左右。当猴子说不的时候，如果你是驯猴人，可能早已被激怒了，以为这些猴子是要造反，这简直不能容忍！然而，驯猴人改变了他自己的方案。他必定在心里暗笑，因为他知道总数！

作为人类的我们，是不是有的时候也因计较虚名浮利而忘记了生活的本真？如果这样的话，最后也不免像猴子一样，被那些表面现象蒙蔽。所以得意时不要太高兴，失意时也不必太难过，最后会发现原来是一样的。谁能最早明白这个道理，谁就能最早摆脱沮丧和失意的纠缠。

认识自己

我们一定要认识自己的优点和不足。一只沿口不齐的木桶，其存水量的多少，不取决于桶壁中最长的那块木板，而取决于最短的那块。这就是管理学中的"木桶理论"。我们的缺点，就是木桶壁中那块最短的木板。

《伊索寓言》里说：当初普罗米修斯造人，让每个人身上挂两只口袋，一只装别人的缺点，挂在胸前；另一只装自己的缺点，挂在背后。结果，人人只消一低头就能看见别人的缺点，而对自己的缺点却很难看见。

有人曾经说过，人本身就是带着缺点降临到这个世界上的，人生的过程就是在不断改掉缺点、完善自己的过程，因此，敢于挖掘和暴露自己的缺点是非常有必要的。一个人找自己的缺点很难，而找优点则很容易，有时候别人认为是缺点的往往是你的优点，有时候自己认为是优点的，在别人眼里却成了缺点，仁者见仁，智者见智。

自知之明

人应当有自知之明，知道自己可以做什么或不适合做什么，既不需要好高骛远，也无须自卑退缩。要发现自己的缺点，就必须进行深刻地自我剖析。剖析，不单单是找出优点、肯定成绩，更关键的是要把自我剖析的手术刀滑向心灵的深处，对心灵进行忏悔式的追问：我的缺点到底在哪里？明天我将如何努力？

人只有清醒地认识自己，才能在这世界上更好地表现自己。英国著名诗人济慈（1795—1821 年）本来是学医的，后来他发现自己有写诗的才能，就当机立断，用自己的整个生命去写诗。他虽然不幸只活了二十几岁，但却为人类留下了许多不朽的诗篇。如果济慈不能认识自己，那么，英国至多不过增加了一位普通的外科医生济慈，而英国文学史和国际共运史上则失去了一颗光彩夺目的明星。

庄子里有许多寓言故事告诉我们，由于我们习惯于自以为是，常常把自己的主观愿望强加于客观事物，于是就会出现好心办坏事的现象。而我们又经常会被社会中各种各样的外部评价所影响，而不能真正认知自己的内心，结果被所谓的潮流而左右，在纷繁的大千世界中迷失了自己。或许某一天，你突然发觉自己不过是尘世中的一颗石子、一株小草而已，面对挫折是那样的无助！但我要告诉你：哪怕你只是一株冬日的衰草、一棵草原上孤独的树、一个身体残疾心灵痛苦的人，也必须看守住自己的心灵之月，既要认清自己"井底之蛙"的局限，又要有大鹏展翅的宏大胸襟。这样，很多问题可能就不会像我们想像的那样艰难。

什么是智者？智者贵在能够在自己的人生道路上努力不懈地攀登，但又能充分认识自己，恰到好处地戛然而止。

美要自然

"爱美之心，人皆有之"。"东施效颦"这个成语就出自《庄子·天运》一书。它说的是这样一个故事：

> 西施是个大美女，她生病的时候，虽然捧着心、蹙着眉，大家还是觉得她很美。邻居有一个妇人很丑，看见西施捧心、蹙眉，模样惹人怜爱，也就模仿她；大家见了都避之唯恐不及。这个妇人以为捧心、蹙眉会很美，而不知道是因为西施本来就很美啊！

该故事的意蕴是：东施虽不漂亮，如果安分守己，不去模仿西施，也未见得那样令人看不过去；但她却不管自己和西施容貌不同，硬要学西施的病态表情，结果是愈学愈丑，令人作呕。这种不顾条件生搬硬套的学习方法，是值得引以为鉴戒的。东施之所以模仿西施，是因为太不了解自己了。人当有自知之明，知道自己可以做什么、或不适合做什么，既不需要好高骛远，也无须自卑退缩。有自信心、能够自我尊重、也能尊重别人的人，才是最美的啊！

因时制宜

船是最好的水上交通工具，车是最好的陆上交通工具。如果一个坐惯了船的人把船推到陆地上行走，那么终身也走不了多远。古和今不是就像水和陆的不同吗？周朝和鲁国不就像船和车的不同吗？孔子想把周朝的制度推广到鲁国，这就像在陆地上行船，不仅徒劳无功，自身还要遭受祸患。他不知道世界在不停地运动变化，人也只能不断地适应外界的情势。三皇五帝的礼仪法度不贵于相同，而贵在能使天下太平。正如苹果、梨、橘、柚这些酸甜不同的水果，虽然味道不同，但都是可口！

精神之美

庄子写这个故事是否就是在嘲笑东施姑娘呢？非也！

庄子对人的面貌形体的美丽并不那么在意，他在意的，是你是否是个自然的真人。许多丑得奇形怪状但心灵淡泊飘逸的人，庄子都大加赞美。他一方面赞赏"肌肤若冰雪，绰约若处子"的面貌、形体之美；另一方面又丝毫不歧视残缺丑陋的人。在《德充符》中还夸张地写出了丑陋之人和平自然之道的精神之美：

> 有一个叫子舆的人，生了一种很怪的病，肩膀拱起来了，头长到胸口里面去了，弯腰驼背，别人看了都很同情地说说：你长成这样，该怎么办呢？子舆却无所谓，他爬到井边，对水中自己的影子说：你还能变成什么样子呀？造化捉弄人就像捉弄一条虫子一样，我就是一条小虫子，你捉弄就捉弄吧，能捉弄成什么样子？好像说的不是自己。丑陋的子舆因自然从容而透露着人格之美。

人对自然的态度之所以区别于其他动物，就在于自然不仅是人类的生存栖息之地，还是被人欣赏的对象。但人对自然景物的欣赏，并不是像镜子一样简单的反射，而是在反射中观照自身。如果能从大自然学到其中的宁静永恒与无限生机，领会到山川树木、鸟兽虫鱼的悠然自得，也就拥有了一颗抬头看世间的灵惠之心。

一个人，倾心于自然、感动于自然，并能用文字再现自然的话，那就是自然之美的更高境界，有一个词语叫做"天人合一"，反映的正是人与自然的这种关系。

邯郸学步

该故事出自《庄子秋水》。成语"邯郸学步"，比喻生搬硬套，机械地模仿别人，不但学不到别人的长处，反而会把自己的优点和本领也丢掉。它说的是这样的一个故事：

雕塑：邯郸学步

相传在两千年前，燕国有一个叫寿陵的地方有一位少年，不愁吃不愁穿，论长相也算得上中等人才，可他就是缺乏自信心，经常无缘无故地感到事事不如人，低人一等——衣服是人家的好，饭菜是人家的香，站相坐相也是人家高雅。他见什么学什么，学一样丢一样，虽然花样翻新，却始终不能做好一件事，不知道自己该是什么模样。

家里的人劝他改一改这个毛病，他认为是家里人管得太多。亲戚、邻居们说他是狗熊掰棒子，他也根本听不进去。日久天长，他竟怀疑自己该不该这样走路，越看越觉得自己走路的姿势太笨、太丑了。

有一天，他在路上碰到几个人说说笑笑，只听得有人说邯郸人走路姿势很美。他一听，急忙走上前去，想打听个明白。不料想，那几个人看见他，一阵大笑之后扬长而去。邯郸人走路的姿势究竟怎样美呢？他怎么也想像不出来，这成了他的心病。终于有一天，他瞒着家人，跑到遥远的邯郸学走路去了。

一到邯郸，他感到处处新鲜，简直令人眼花缭乱。看到小孩走路，他觉得活泼、很美，他跟着学；看见老人走路，他觉得稳重，跟着学；看到妇女走路，摇摆多姿，也跟着学。就这样，不过半月光景，他连走路也不会了，路费也花光了，只好爬着回去了。

还有一则寓言，也是反映类似的道理：

一头驴子听到知了在树上唱歌，心里有些不舒服，并下决心也要学会唱歌。于是驴子找到知了，向它请教唱歌好听的原因。知了告诉驴子，它们唱歌好是因为每天只喝露水，什么也不吃。为了练好唱歌，驴子每天也只喝露水，不再吃草料，结果没过几天就饿死了。

勤于向别人学习是应该肯定的，但是，一定要从自己的实际出发，取人之长，补己之短。如果像燕国寿陵人那样，盲目鄙薄自己，一味崇拜别人，生搬硬套，亦步亦趋，结果必然是人家的优点没学来，自己的长处却丢光了。

海鸟之死

庄子在《至乐》篇里，借孔子的口，讲了这么一个故事：

鲁国的郊外飞来一只很大的海鸟，鲁国国君很喜欢，就毕恭毕敬把这只海鸟迎进了太庙，演奏《九韶》这样庄严的音乐取悦它，准备了美酒给它喝，宰了牛羊给它吃，每天用这样的礼仪供奉这只海鸟。而这只海鸟呢？目光呆滞，神色忧郁，不吃一口肉，不喝一口酒，就这样郁郁寡欢，三天就死了。

庄子借孔子之口总结说，这叫"以己养养鸟也，非以鸟养养鸟也"，也就是说，这是以养人的方式养鸟，不是以养鸟的方式养鸟。这是以人喜欢的礼仪对待鸟，而不是以鸟自己的心思在对待鸟。

我们总在以成人世界的标准去要求孩子，你以后要想出名，要想在社会上建功立业，你从三岁就必须弹钢琴，你从四岁就必须学美术，你从五岁就必须跳芭蕾。如果不这样的话，你六岁上小学时，有什么东西可以去跟别人抗衡？而六岁一上学，你就必须报名参加一个奥数班，等等，等等。只有这样，你才能像我们父母一样在社会上竞争立足，你才能读大学。

我们用成人世界的规则和方式来对待自己最亲爱的孩子，没有把孩子应有的快乐时光还给他，而是用一种成人的标准去进行剥夺，这不就是给海鸟摆上酒肉吗？

这种好意有的时候可能会导致出乎意料的恶果。这种恶果就像庄子在《应帝王》里面写的一个寓言：

南海的帝王叫儵，北海的帝王叫忽，中央的帝王叫混沌。儵和忽时常在混沌的地方聚会，混沌款待他们特别好。儵和忽共同商量要报答混沌的善意，说："人们都有七窍用以看、听、吃、喝、呼吸，唯独混沌没有，我们试着给他凿成七窍，让他真切地感受这个世界吧。"于是，他们一天为混沌凿成一窍，七窍凿成，混沌却死了。

几乎所有热爱自然的哲学家、艺术家都非常珍视自然自在的混沌状态。泰戈尔用诗的语言描述了他所感悟到的宇宙秘密："在存在的最深内里，整个寰宇在光辉中显现为一个整体，发出旋律之流，激荡着欢愉的浪花，流转回自身的本源。"文学家詹姆斯·乔伊斯也形象地说："现代人征服了空间、征服了大地、征服了疾病、征服了愚昧，但是所有的这些伟大的胜利，都只不过是在精神的熔炉中化成的一滴泪水！"诗人是否也在为死去的混沌哭泣呢？

当一个人不再欣赏天然，不再欣赏率真与淳朴，而学会了刻意求取，那也就失去了人天赋中最宝贵的东西。世事有其内在的运行规律，绝非人力可以全然改变。"有心栽花花不开，无心插柳柳成阴"，这是人力之外的自然之音。强人、强己都不如顺其自然，"螳螂捕蝉，黄雀在后"的事谁能预料？"塞翁失马"又"焉知非福"呢？

世间万物，千差万别。站在不同的角度，看到的事物就会完全不一样。如果我们仅仅站在自己的角度，以自己之方式，去看待推断所有的事物，就会产生巨大的偏差。这是我们难以正确认识自己的第一个障碍。

庄子的寓言故事告诉我们：世间的一切事物都应该顺其自然，而不能自以为是地把自己的想法强加于人。

抱瓮灌畦

"抱瓮灌畦"，出自《庄子·天地篇》所说的子贡和汉阴丈人的故事。

子贡，是孔子的弟子中比较有名的一个，姓端木，名赐，春秋时卫国人，据说很有口才，曾经做过卫国和鲁国的国相，访问过许多诸侯国家。至于"丈人"，是古时对老头的通称，所谓"汉阴丈人"，就是"汉阴地方的一个老头"之意，因为不知道这老头姓甚名谁。就是汉阴，在当时也不一定真有此地名，只因那个地方在汉水南岸，便说是"汉阴"了。故事的大意是这样的：

> 子贡访问南方的楚国，回来时又准备到晋国去，经过靠近汉水南岸的一个地方，见一老头儿正在灌溉田地。他的灌溉方法很落后：先开好一条通到井底的坡道，然后抱着一个水瓮，一步步走到井里去，取了水，再抱到田里去浇。这样一趟一趟地来回走，费力大而功效极低。子贡对他说："老人家，您为什么不用汲水工具来灌溉呢？例如有一种叫做'桔槔'的工具，利用它来灌溉，一天能浇一百畦，又快又省力，您难道不知道吗？"老头听了，很不高兴，勉强笑道："谁说我不知道呢！但是，我不愿意用那种玩意儿。我这样干了快一辈子了，还不是过来了？再说，我也习惯了。"

由于这个故事，后来人们讽喻安于拙陋，不求改进的落后保守思想，就常引用"抱瓮灌畦"，也叫"抱瓮灌圃"。

庄子把自然界物质的原始状态称为"朴"，认为任何人为的技术都有损于物的"朴"的本性。不幸的是，庄子的预言在今天已成为现实，地球上的物种正以惊人的速度灭绝，森林面积迅速减少，野兽寥寥无几，昔日成群结队与人相伴的飞鸟已属罕见之物。这一切说明，庄子的担忧绝非杞人忧天。

但是，庄子并非因此而否定所有的技术。对人类生存所必需的技术，他还是持肯定态度的。他也主张通过耕织这些基本的生产活动向大自然索取必需的生活资料，但强调对技术发展的使用和依赖应当有个限度。

庄子技术观的目的是养生，即保存人生。我们不能活得像耕耘的老人，而不外乎子贡式地活着。然而，我们人生的各个方面不是子贡的机械技术的理论所能解决得了的。现在仍存在着比庄子看见的更小的领域，在此领域里人们仅依赖身体的技术。在未来的技术开发中，我们应努力实现不勉强自然而顺应自然的原则。例如，我们使用顺任自然的风力发电厂来代替勉强自然的火力发电厂。可以说，庄子的技术哲学为我们指示着现代的机械技术的发展方向。

第三章 庄子的 "无为之为" 思想

庄子 "无为" 的提出，是基于 "道法自然" 的思想。"无为" 思想的核心是合乎本真本然的自然之道。庄子 "无为" 的主要指向，是政治上的 "无为"。"无为" 主要是遏制统治者私欲、权力的膨胀，是实现政治中的有为异化的批判与超越。"无为" 还具有人的生活也要遵从自然之道的意义。庄子 "无为" 的理想是 "与道为一" 的境界。

庄子把既懂得社会发展规律又了解自然规律的人称为 "真人"。"真人" 处处与自然环境协调，叫做 "与天为徒"；而无视古之真人，其自然规律、随心所欲、一意孤行的人，是 "与人为徒"，这种人是注定要失败的，最终逃不脱大自然的惩罚。庄子超越了任何知识体系和意识形态的限制，站在人生边上来反思人生，他的哲学是一种生命的哲学。

以天合天

庄子讲了一个 "梓庆削木为锯" 的故事，故事是这样的：

梓庆是一个木匠，很善于做祭祀时候挂钟的架子，其实这是个很简单的活，很简单的器物，但是就是这个木匠，他做出来的这个架子，人人见到惊为鬼斧神工啊，他怎么会做得这么好，觉得它那上面野兽的形状，宛如真正的走兽一般，栩栩如生，所以大家就对这个木匠特别有口碑。

那么这个口碑传着传着就传到国君那里了，所以鲁侯召见这个木匠梓庆，要问一问他其中的奥秘，到底为什么。梓庆很谦虚，他说我一个木匠，我哪有什么诀窍啊，根本没有什么太大的技巧，他说如果你一定问，我就跟你说说，无非是我在做任何一个普通的架子之前，我都不敢损耗自己丝毫的力气，而要用心去斋戒。我去做所有的斋戒，只不过是为了让自己的内心真正安静下来。

那么在斋戒的过程中呢，我斋戒到第三天的时候，人就可以忘记了我最后要拿着这样的东西去封功啊，去受赏啊，任何的庆典、勋爵、利禄等等，这些东西可以扔掉了，也就是说斋戒到三天，我可以忘利。

再接着斋戒，到第五天的时候，我就可以忘记名声了，也就是说，我已经不在乎别人对它是毁还是誉，大家说我做得好也罢，做得不好也罢，我都已经不在乎了，那么还要继续斋戒。

到第七天的时候，我可以忘却我这个人的四肢、形体，也就是说，第七天达到忘我之境。他说达到这个境界的时候，我就拿上斧子进山了。进山以后，无非是去看一看我要做的事，这个时候，我可以忘记我是为朝廷做，为朝廷做事心有惴惴，有杂念你就做不好，他说我这个时候无非就是要做这么一个架子，就是为事而事。所以他说我就在里面去看，有哪些天生长得就像野兽，因为我心静，所以一眼就会看到，然后我就把天生长得特别像的木头砍回来，随手一加工，它就会成为现在的样子。

梓庆的斋戒、静心是一种去达到把素朴之心向着树的天然本性敞开的路程，这个故事反应的道理可以用一个成语概括：以天合天。人就应该用那些本身最合乎规律的事情，去应对规律，也就是说，人永远不要和规律较劲，不要违背规律，不要做徒劳的努力，而应该用自己澄净清明的心，用一种世间大智慧，看到哪些事情可以"以天合天"，这样的话就是人生的效率。要达到"以天合天"，必须"齐以静心"，忘掉功名利禄甚至自我形体与主观精神，回归自我本性，事情自然会成功。

木匠的故事让我们认识到，有一个坦荡的好心态，就能达到最佳的状态，才能把事情做到最好，其实生活本来是简单而朴素的，但为什么我们常常听到有人抱怨：这个世界越来越让人看不懂，我们怎样才能打破世俗，看到世界的本真呢？

所以，真正好的职业状态，是要达到忘我的境界。

其实，这个木匠告诉了我们一个朴素而玄妙的道理，就是人做事要做得好，穿越三个阶段：忘利、忘名、忘我。如果能做到这个份上，你的天眼就开了，也就是说，你会知道世间大道的规则，做到"以天合天"，而不需要人为努力。

甘于退隐

庄子的理想就是宁做一只虽劳苦却自由的野鸡，也不做吃自来食的养禽。山林中的野鸡求食不易，走十步才找到一条虫，走一百步才找到一口水，但它还是不愿意被关到有水、有食物的笼子里。虽然在笼子里身体不再劳累，也没有了天敌的威胁，更不用担心风雨雷电的突袭，而且不愁吃喝，羽毛光亮，但精神上终不比野外自由。真正懂得养生的人，不会因为追求物欲的享受，而付出自由的代价。

庄子的文章属于典型的"士"文化，士文化的背后有一种"士精神"。我无法找到准确的语言来解释这种"士精神"，理想的苑囿、诗性的火花、智理的清池等等，都只能描述其一棱一角，而对其全貌的领悟相当艰难。就像庄子的内心无法进入一样。他的思维是"独语"式的，他思维的结果又是一首难译的"天歌"。

庄子甘于"士"，甘于隐。他把自己的情感寄托在那遥远的地方，静静地享受着孤独。他和鱼对话，和河伯、海神对话，和鲲鹏对话，这个怪老头就是不愿和时世对话。他钟情那些异人、异物、异事，以及由它们组成的奇异的"世界"。他的文章取象于古、意指于远，让人既喜欢又有些看不懂，就定义为寓言。其实庄子并不是在写什么寓言，他只是在按他自己的逻辑十分本真地生活着。也许庄子对和谐的理解更深刻，感悟得更幽远，所以他才远离时世，守"士"一生。

事实上，在庄子的哲学中，"天"与"人"是相对立的两个概念。"天"代表着自然，而"人"指的就是"人为"的一切，与自然相背离的一切。"人为"两字合起来，就是一个"伪"字。庄子主张顺从天道，而摒弃"人为"，摒弃人性中那些"伪"的杂质。在庄子看来，真正的生活是自然而然的，因此不需要去教导什么，规定什么，而是要去掉什么，忘掉什么。

人与自然的和谐就是天和，是指自然界和人类社会和谐共生、和睦共处，即"天人合一"的理想状态，它是庄子实现和谐途径的起点。庄子不仅把大自然当作人类的生息之地，而且把与自然和谐相处当作一种美的享受。作为道家的主要代表，庄子提出爱人利物之谓仁，把仁学扩大到自然，偏重于人与自然的和谐，提出：

> "夫明白于天地之德者，此之谓大本大宗，与天和者也。所以均调天下，与人和者也。"

上述这句话既讲了天和，也讲了人和。庄子尤其强调人与自然的和谐统一。庄子认为，人与自然能够和谐共处，是因为人类生存于原始淳朴的自然环境之中，人类能从大自然中获得生存所必需的生活资料；人与自然的和谐状态，也是事物协调完满、充满生命力的最佳状态。和谐得以保持，世界就充满生机，就兴旺进步；和谐受到破坏，事物就向相反方向转化，无论是生态、世态还是身心状态，就会失调、失序、失衡，影响其发展和进步。

子桑唱穷

《庄子·内篇·大宗师第六》记载这么一个故事：

子舆和子桑是好友。有一回，天接连下了十天大雨。子舆想：大雨绵绵下这么久，子桑没有地方去谋生计，弄不好在家病了。于是就带着饭食去看子桑。刚到门口，就听到子桑像在唱歌，又像在哭泣。只听他哭唱着："父亲吗？母亲吗？天啊！人啊！"他的声音都变得微弱而急促了，子舆进了屋，问他，你这是怎么啦？子桑说，我怎么也想不通，究竟是谁让我穷困到这般地步。父亲吗？母亲吗？父母怎么会要我穷困呢？天没有偏私，地没有偏私，天地怎么会要我穷困？我穷困到这么极点，只能是命了。

什么东西注而不满，酌而不竭呢？答案很简单——人心。人一生，有许多困惑。归结起来，人生的诸多困惑都因"欲望"与"命运"之间的反差、不协调而起。比如，你聪明敬业，诚信经营，磊落做事，坦荡做人，却常常吃亏上当，事事遭挫，进退维谷；而别人投机钻营，弄虚作假，巧取豪夺，却往往左右逢源，心想事成，事事如意；正直的人都为这种现象愤愤不平，全社会都为此困惑。

其实，所谓"命"，不过是人们违心地臆想出来自我安慰的形而上的东西。这个东西产生两种功效：一方面，当自己的欲望在灾祸、挫折、困难面前无法实现，困惑而无法面对、无力超越的时候，只好找出这个消极的东西来自我安慰，自我排遣，自我解脱，这叫"认命"。另一方面，为了满足、实现自己的欲望，排除一切意外不测、人为干扰，自己给自己设想了一个"天有眼睛，地有良心；善有善报，恶有恶报"自然规律，抱定这个心念，人为地去"好善乐施""行善积德"，以求心想事成，这叫"修命"。

说穿了，这不过都是自欺欺人。第一种是宿命论，放弃自我主观能动，听天由命。第二种说白了，是鲁迅先生创造的阿Q的"精神胜利法"。试想，要是天地真有良心，大自然真具因果报应的法则，那还要法律法规刑法做什么用呢？人世还有是非、善恶、美丑存在吗？

困顿时应该多思进取，安逸时应该多保真心；快乐时不忘生命的重量，痛苦时坚忍宽容。你就不会为一时一事得失而苦恼，生活在你面前会展开一片更为广阔的天地。一时的好与坏不值得担心，从整个人生的发展方向高瞻远瞩才是真智者。

顺应天性

惠施是庄子的朋友，也是论敌。惠施在梁国当相爷，算是地位显赫的人物。他认为庄子的学说是假大空，常与庄子进行对骂，其实就是精彩的辩论。

惠施对庄子说:"大王赐给我的大葫芦种子,如今结了大葫芦,做成容器能装五十斗,可用来盛水不够坚固,做成瓢又大得不知装什么。这大而无用的葫芦,只有砸个稀烂。"显然,他暗讽庄子的学说是大而无用的葫芦。

庄子回应道:"你不善于使用大器啊。宋国一个世代从事漂洗生产的家族,发明了防冻护肤的特效药,被人用百金把配方买了去。这人后来凭着这个特效药,在冬天打败了越国军队,因此获得了大片封地。你有了这么大的葫芦,何不用它飘游江湖?反而庸人自扰,真不开窍啊。"

惠施干脆把话挑明:"我那里有棵大臭椿树,长得歪歪扭扭,不中规矩,木匠们连看都不看。你说的空话,就像臭椿树,大家谁不理睬你。"

庄子也不生气,他说:"你该见过黄鼠狼吧,它低身潜伏在地上,鸡、老鼠一过来,它什么也不顾,乱追一通,结果反而触动机关,落入猎人的捕网。牦牛虽是个庞然大物,却不能捕鼠。现在你有大树,却嫌弃不用,为何不移植到辽阔的子虚乌有之地,无拘无束地躺在它的绿阴下,获得逍遥之乐。因为无用,不会夭折于刀斧,不会有人损害它,就会自由自在,就不会有困苦了。"

庄子其实劝告惠施,不要太热衷名利,小心像黄鼠狼一样落个悲惨下场。倒不如一无所用,却活得自由自在。

庄子揭示:世上没有无用之物,一切都有用处,关键在于你能不能顺着他自然的天性来运用它。

质朴之心

庄子一生都是"无为"的践行者,他用"无为"定位人的品性,就是质朴。质朴实际上是人的一种禀赋,是一种由内及外的美好品性。衣着修饰的质朴,往往别有一种美韵,尤其在浮华成为一种时尚的时候。莫洛亚说过,拒绝一致性的浮华时尚,"倒也是一种标新立异,最朴素的往往最亮丽,最简单的往往最时髦,素装淡抹常常胜过浓妆艳服。"即使自己的服饰不美,与衣着华丽的人站在一起也应心地坦然,因为心灵的美、品德的端正,才是人身上最闪光的地方,你已拥有这些,又何须自卑呢?

但是,衣饰之类的素朴,并非是判定一个人禀赋质朴的可靠标志。违反人的爱美的天性，拂逆自己的性情，只是出于某种意自念和精明的打算。而蓄意地艰苦朴素，这种人的内心其实并不质朴。灰姑娘穿上华丽的公主裙装，并没有消泯她内心的质朴；她的质朴和丽服相辉映，前者使后者更彰显清纯的高雅。而"伪君子"达尔杜弗，即使套上最朴素的衣衫，也不会由伪君子而返璞归真。质朴的天性能使人贫贱也从容，富贵也坦然。高贵的地位、流传千古的文章、花不完的钱财是人人都向往的，可又都是身外之物，不能靠这些东西来做人立世。

仁爱的天性

服饰新奇不如天生丽质；才华横溢，不如品德出众；永葆富贵不如常葆真心。只要保持仁爱的天性，即使没能建功立业，写不出千古文章，也可以堂堂正正做人。玉堂春、李香君都是出身微贱的女子，只因她们贤德良善，深明大义，人们就传唱她们，喜爱她们。贩夫走卒有一颗良善的纯金之心，就与圣人并无差别。相反，那些投机取巧者，诽谤害人者并未因丑恶而快乐，反而时时担心所得失去。善良的人却因凭仁爱之心做事，永远心地坦荡荡，自然一生平安、快乐。

水的不争

在《秋水》篇中，庄子精心编制的关于水的寓言故事，更是把庄子之"道"的深邃内涵表现得淋漓尽致：

> "秋水时至，百川灌河，泾流之大，两涘渚崖之间，不辨牛马。于是焉河伯欣然自喜，以天下之美为尽在己。顺流而东，至于北海，东面而视，不见水端。于是焉河伯旋其面目，望洋向若（北海神）而叹曰：……今我睹子之难穷也，吾非至于子之门，则殆矣，吾长见笑于大方之家。"

静静的江水

这里，庄子拿河水与"不见水端"的北海之水相比，分明是有限的现实和无限的"道"的精妙对比。河伯作为大河之神，看到的自己浩荡东流的伟大样子，感到十分得意，以为天下之水都不能和自己相媲美；当他看到浩渺无垠的大海时，才发现自己原来是那样的渺小。

道的真切内涵

《庄子·秋水》中说：

> "天下之大水，莫大于海。万川归之，不知何时止而不盈；尾闾泄之，不知何时已而不虚；春秋不变，水旱不知。此其过江河之流，不可为量数。"

万川之水受陆地上旱涝条件的限制，有盈有枯；而大海却"春秋不变，水旱不知"，超越了时空、因果、条件等各个方面，表现为永恒、不变、无限和绝对，这不正是庄子之"道"的真切内涵吗？正如庄子本人在《庄子·齐物论》中所言："道"是"注焉而不满，酌焉而不竭"。

鱼与水

《庄子·大宗师》中也说：

> "鱼相造乎水，人相造乎道。相造乎水者，穿池而养给；相造乎道者，无事而生定。故曰：鱼相忘乎江湖，人相忘乎道术。"

这里，庄子以鱼在水中畅游来比况人在"道"中。江湖浩瀚，鱼在其中优哉游哉，彼此相忘，恩断情绝。一旦泉源断绝，河湖干涸，鱼儿们在陆地上共度危难，共图生存，只好吐沫相濡，呵气相湿，互相亲附，但比之在江湖中逍遥自在的生活，真是天壤之别。"鱼相忘乎江湖"，就超越了失水的局限性。由物及人，同样，人只有彻底摆脱对有限现实的依托（即庄子所说的"有待"），才能外忘于现实的期待和羁绊（"无待"），遨游于无限的自由天地之中，优游自在，无牵无挂，一任自然。这就是逍遥游的境界。人对水有着天生的偏爱，水中之游确实充满了无穷的快意，而庄子更喜欢从游水中体悟他的逍遥游的境界。

庄子和老子一样，也喜欢从水中感悟和阐发其深邃的"道"理，但二者的思维方法和运用方式大不相同：老子以水论"道"，大多直抒胸臆，是直截了当的断语；庄子则不然，他往往通过编织奇特的水的寓言故事，来阐发深刻、抽象的哲学道理。

老庄在体道悟道时常常说到"水"。水与母亲、大地、婴儿同是道家哲学极力推崇的"至道"与"至善"的象征。人生如沧海，每个忍行走一趟，风雨难免、激流难免。如果能顺水而为，就能在激荡的人海中游刃有余。

君子之交

庄子曾说过：

> "君子之交淡若水，小人之交甘若醴；君子淡以亲，小人甘以绝。"

　　何以君子之交像白开水一样淡而无味，小人之交反倒如美酒一般甘甜可口呢？原来庄子对人与人之间过多的利害往来和利益交换颇为不满，认为这种拉拉扯扯，小恩小惠，你给我办点儿事，我给你送点儿礼的人际关系，看似甜甜蜜蜜，美若甘醴，实际上却是最狭隘、最功利、最靠不住的利益关系。一旦利益交换的条件不再具备，平日里称兄道弟的小人们就会冷眼相向，甚至反目成仇。与之相反，真正的君子之交是以人格的相互钦佩和品德的相互青睐为基础的，这其中并不掺杂着更多的利害关系。好友分别日久，渴望重逢，但见了面却用不着七个碟子八个碗地大摆宴席，也许一杯浊酒甚至一杯白开水也就足够了。然而这杯白开水却并非淡而无味，而是回味无穷……于是，庄子接着说："君子淡以亲，小人甘以绝。"郭象深得此意，注曰："无利故淡，道合故亲。"吴承恩说得更加真切："君子淡如水，岁久情愈真；小人口若蜜，转眼如仇人。"（《逊志斋集·朋友》）

　　这句话实际上说的是一种待人的方式，可以长期交往的人很多可能恰恰是不容易一下接近的人，而一团和气甚至特别可人的人也许正是俗话说的"乌合"，有一种杀人的方法叫"口蜜腹剑"，有一种帮人的方法叫"苦口良药"。

　　正人君子之间的交往不带任何功利色彩，淡得像水一样；小人之间的交往，都是有所求、有所图的，为达到私利送给对方的好处像蜜糖一样黏稠。君子决不利用职务权势的优势为亲人谋利益，对待亲戚朋友淡得像水；小人则正好相反。

淡如水

　　唐贞观年间，薛仁贵尚未得志之前，与妻子住在一个破窑洞中，衣食无着落，全靠王茂生夫妇经常接济。后来，薛仁贵参军，在跟随唐太宗李世民御驾东征时，因平辽功劳特别大，被封为"平辽王"。

　　一登龙门，身价百倍，前来王府送礼祝贺的文武大臣络绎不绝，可都被薛仁贵婉言谢绝了。他唯一收下的是普通老百姓王茂生送来的"美酒两坛"。一打开酒坛，负责启封的执事官吓得面如土色，因为坛中装的不是美酒而是清水！

　　执事官说："启禀王爷，此人如此大胆戏弄王爷，请王爷重重地惩罚他！"

　　岂料薛仁贵听了，不但没有生气，而且命令执事官取来大碗，当众饮下三大碗王茂生送来的清水。在场的文武官员不解其意。

薛仁贵喝完三大碗清水之后说："我过去落难时，全靠王兄弟夫妇经常资助，没有他们就没有我今天的荣华富贵。如今我美酒不沾，厚礼不收，却偏偏要收下王兄弟送来的清水，因为我知道王兄弟贫寒，送清水也是王兄的一番美意，这就叫君子之交淡如水。"

此后，薛仁贵与王茂生一家关系甚密，"君子之交淡如水"的佳话也就流传了下来。

朋友的定义

"好朋友"的定义到底是什么？

从古流传至今的那句话"君子之交淡如水"其意义何在？事实上，好朋友贵在交心，深厚的友谊无需靠丰盛的宴席作为铺垫。为共同的事业、共同的目标一起奋斗的伙伴，彼此之间有着共同的追求，因此也对彼此有着深深的理解。

这种友情，是工作顺利时的快乐分享，是患难与共时的相依相偎，更是遭遇困难时的鼎力相助。如果没有这种精神上的协调一致，即使时时相伴左右也是面和心不和。有的人认为同事之间没有真正的友谊，其实同事之间共同为事业奋斗，即使个性、爱好不大一致，但只要有大体相同的理想，为共同的目标工作，也能建立起深厚的友谊。如果觉得性格志趣合得来就每天形影不离，合不来就慢慢相互疏远，这样的做法只能在同事之间形成小团体，产生一种不和谐的气氛。

朋友之间关键是要遵循"尊重"二字。尊重对方的时间，不浪费别人的时间，不没事找事地瞎聊，也就是要像一句俗语说的那样——无事不登三宝殿，不因自己的小事而给对方造成困扰。每天在一起胡吃海喝的朋友，可能也只能在一起吃吃喝喝，而交心的朋友才是真正的朋友。只要心灵相通，一瞬间就抵得过永恒。

作为一种社会的动物，人与人之间当然需要相互关心、相互帮助、相互支持，尤其是当他人遇到困难和不幸的时候。然而与此同时，庄子又确实揭示出一种常被忽视的道理。这就是人要获得一种宽松自由的心境，又应该与他人之间也保持某种适当的距离。"各人自扫门前雪，休管他人瓦上霜"自然不是值得效法的行为；但对他人过多的关怀、过多的怜悯、过多的抚慰也难免让人感到不舒服。说到底，每个人都是一个独立的世界，都有自己独特的行为方式和情感方式，并有权以这种独特的方式来对待生活中的苦难和不幸。这苦难，也许能唤醒人们反抗的激情；这不幸，或许能激发人们斗争的勇气。真正的君子在帮助别人的时候，却应该尽量淡化情感色彩，这大概是"君子之交淡如水"的另一层含义吧。

第四章 庄子的逍遥论

古往今来，凡是痴迷于庄子思想的人，无不醉心于庄子的"逍遥"二字，这两个字犹如庄子人生哲学的题解。逍遥游的意思，是指无所依赖、绝对自由地遨游永恒的精神世界。庄子天才卓绝，聪明勤奋，"其学无所不窥"，并非生来就无用世之心。一方面，腐败社会使他不屑与之为伍；另一方面，"王公大人不能器之"的现实处境又使他无法一展抱负。人世间既然如此沉浊，"不可与庄语"，他追求自由的心灵只好在幻想的天地里翱翔，在绝对自由的境界里寻求解脱。正是在这种情况下，他写出了苦闷心灵的追求之歌《逍遥游》。庄子描画这种大鲲鹏的目的，就是要把我们的视野拉出日常生活之外，去追寻更高境界的心灵存在。

"逍遥游"具有着无法言说的精神魅力，那种优游自在、徜徉自得的心境，让生活在压力与责任中的人们，不断有想和大鹏鸟一样展翅高飞的渴望。这再次使我们想到儒道两家对中国人的不同影响。如果说儒家使中国人踏实、进取、理性、有为的话，那么，道家则塑造了中国人的从容不迫和悠闲适意。庄子就如惠施种出的那个巨大无比的葫芦，在功利、世俗的眼中虽一无用处，却随时等待着有心人把它系于腰间，逍遥于江湖。

《逍遥游》里面有两个大方向，在很多关键的地方用比喻，来告诉我们人生和修养的方法。

第一个方向告诉我们"物化"，这是中国文化中道家的一个大标题。宇宙中所有的生命，所有的一切外物，都是物理的物象变化，物与物之间互相在变化，所以叫"物化"。譬如，人生命活动中所需要的牛奶、面包、米饭、青菜、香肠等，经过我们的胃的变化又变成了人的肉体；肥料再变成万物；一切万物又互相变化，而且非变不可，没有一个东西是不变的，这个就是"物化"。

在道家的观念里，整个宇宙天地就是一个大化学的锅炉，我们只不过是里面的"化"物，受"化"的一个小分子而已。要如何把握那个能"化"，能"化"的是谁呢？把那个东西抓到了就得道了，就可以逍遥了，不然我们终是被"化"的，受变化而变化，做不了变化之主、造化之主。要把握住造化之主，才能够超然于物外，超出了万物的范围以外，所以庄子告诉我们"物化"的自在。那么，庄子同时在这个观念里头也告诉我们，人也是万物之一，人可以"自化"。如果明白了"具见"，见到了"道"的道理，我们人可以"自化"，我们这个有限的生命可以变化成无限的生命，有限的功能可以变化成无限的功能。

第二个方向就告诉我们，真正的变化是什么？鲲鱼化为大鹏鸟是真正的变化。对于我们人而言，可以把自己升华成超人。怎么样才能变成超人呢？超人就在最平凡中变。

我们做到了《逍遥游》这两个要点，才真正达得到逍遥。

庄子主张"逍遥"，并非是无可顾忌地逍遥，知识和道德乃是通向逍遥境界的两条路。

俯视人间

庄子说有一种大鸟叫鹏，是从一种叫做鲲的大鱼变来的。传说有一大鱼名曰鲲，长不知几里，宽不知几里，一日冲入云霄，变成一大鸟可飞数千里，名曰鹏。

庄子游刃有余地引用神话与寓言，是中国古代哲学家中很杰出的一位。庄子用驰骋万象的想像力和神奇怪诞的文笔叙述了一个又一个神话寓言故事。藐姑射之山的神人、中央帝王混沌之死、庄子在楚国梦见髑髅、黄帝遗失玄珠……举不胜举。鲲鹏之化，说明了庄子"道无处不在"的思想。

《庄子》的浪漫主义实质，与古代神话的浪漫精神是十分接近的。庄子以他文秀之笔，架构了仪态万方的神话世界。而其中心神话，自然是开篇《逍遥游》中的鲲鹏之变：

北冥有鱼，其名为鲲。鲲之大，不知几千里也。化而为鸟，其名为鹏，鹏之背，不知几千里也。怒而飞，其翼若垂天之云。是鸟也，海运则将徙于南冥。南冥者，天池也。

鲲鹏神话的原形并非来自庄子。古代神话中兼北海海神和风神于一体的禺疆，似乎是鲲与鹏的蓝本。但是庄子是写寓言高手，他最善于借古人、借圣人甚至假借动物植物细菌来传播他的哲理。不论是真实存在于历史的孔子、杨朱，还是虚构的髑髅、冥灵，都可以成为庄子哲学的理想代言人。鲲与鹏所代表的是庄子逍遥自姿、万物皆齐的哲思。于是从古神话中借用的鲲与鹏，精彩地演绎了由庄子导演的冠绝千古的神话剧。

那么在《逍遥游》中，庄子为什么要虚构鲲鹏形象？

1. 为了说明"小大之辩"。在尽情描绘了鲲鹏的无穷变化后，作者写蜩与学鸠对鲲鹏的笑话："我决起而飞，抢榆枋，时则不至而控于地而已矣，奚以之九万里而南为？"为的就是形成小与大的对比。作者借着直接站出来，指出小者不知大：

适莽苍者，三飡而反，腹犹果然；适百里者，宿舂粮；适千里者，三月聚粮。之二虫又何知？

鲲鹏之喻正是说明人类应有超越自我的向往。

2. 为了引领人们提升觉悟。"抟扶摇而上者九万里"，不仅仅是描写鹏的"怒而飞"，更是要带着人们突破狭隘，提升境界。

3. 表达逍遥境界。所谓"背负青天，而莫之夭阏者"，就是描述至人、神人、圣人境界，自由无碍，无所不能，即"乘天地之正，而御六气之辩，以游无穷者"。

庄子赞赏的，是像北冥中的大鱼一样一跃变为大鹏鸟，飞到九万里高空之上，俯视人间。从那样一个高度看地面上的山川百物，实在是非常渺小的，渺小得就像光影中飞舞的灰尘。乘飞机时，人们往往喜欢靠窗的座位，虽然没有大鹏鸟所飞的高度，只是万米而已，但低头看着白云从身下飘过，河流如系在颈间的丝巾，高楼大厦像火柴盒，是否会平添几许清醒，因而活得更踏实紧凑了呢？

现在常用鲲鹏比喻一些宏伟之事，一句俗语曰："学做鲲鹏飞万里，不做燕雀恋子巢。"

其实，人人可以像大鲲大鹏般地纵横驰骋，远游高飞，只是有时会在努力过程中迷失了原始自我，忘记光明的滋味与感觉；或许因为妄自菲薄，或许因为遭受打压，使你演变成只敢以小鱼、小鸟的心态衡量预估自己，忘却了隐藏于内的大鲲大鹏本质，其实你需要的，只是一道可以助你点破迷津，穿透黑暗的曙光。

生活中总听到有人这样感叹："唉，我没有能力，我做不到呀！"其实，有没有能力并不是成功的最重要因素，关键还在于你是否为自己理想的实现做了应有的努力。琐碎而舒适的现实生活容易让人沉溺，总替自己开脱：等以后再做吧。时间就在这开脱中流逝了。理想的实现不仅要有过人的才华，更要有过人的勇气和付出。从鲲、鹏的描写，庄子展示了一个广阔的天地，将人类在思想上的追求提升到"无穷"的境界，由水中游弋的大鱼，到展翅高飞的大鹏和遥远广阔的南冥，象征的是境界的上升，从现实中超拔而起，另外开辟一个飞扬活跃的精神层面。这种"大鹏展翅"的精神对中国文化影响深远，古往今来，人们起名字都喜欢用它来寄寓对孩子远大前程的祝福，像叫"图南""冥跃""鹏举""鹏程""大鹏"的，也不知有多少人。

当我们遭遇挫折时，不如学庄子，让自己的心先站在红尘之外观望红尘，再积蓄力量，等待时机，超越自己！只要我们心中充满光明，哪怕如夸父逐日般注定不能成功，也可欣慰地说：我努力过了，我就是强者。

谦虚做人

《庄子·秋水》中讲了一个河伯见北海若的故事来阐明虚心的道理：

秋天来临时候，水流汇集到一处，河流变得更加宽阔，河中的神灵河伯开始自大起来，觉得自己非常伟大，天下无人能比。可是，当他顺流而下到达北海的时候，面对无边无际、烟波浩渺的大海，河伯惘然若失。在这个时候，北海中的神灵北海若教导河伯说："我和你比较起来，的确是大得无可比拟，但如果和无限的宇宙比较起来，我就像大山中的一块小石子、一棵小树苗。"

庄子借这个典故告诫人们：我们的心灵往往受到自己的生活环境、已有见识和固有成见等的限定，局限性有时候是不可避免的，但作为万物之灵的人类，具有一定的理性，我们应该认识到自己的有限，需要在无限的宇宙面前保持虚心，不要骄傲自大。

庄子虚构河伯与海若对话的寓言故事，将抽象的哲理形象化。他用诗意的方式告诉我们人的局限性，河伯只有面对大海才能体味到自己的真实尺度。在庄子看来，虚心是非常有必要的，而且是人立身处事的基本规范。任何时候都不能骄傲自大，偏执一方。我们要努力开阔自己的眼界，放眼无穷的宇宙和无尽的大道，真正使自己达到自由的境界。

人要首先认识到自己不过就是沧海一粟，才能不自大，也才能踏实地在人生道路上前行。如果能把人生的种种磨难都当成沧海一粟，那不就很容易看开，很容易快乐了吗？每个人的幸福都掌握在自己的手中，善良、宽容、坚强、乐观，你就会幸福。世界是一面镜子，你对它皱眉，它就对你皱眉；你对它微笑，它就对你微笑。幸福不是某种具体的物质，而是一种感觉。使你不幸的，只有你自己，而不会是别的什么人。命运从某种意义上来说就是性格。即使面对幸福，悲观的人也会说：好花易衰，美景易逝。就会面对灾难，乐观坚强的人也能坦然面对，在心里鼓励自己：人生哪能没有坎坎坷坷？总有一天会好的。

鼓盆而歌

独来独往的庄子，仍然逃不掉家室之累。不过话又说回来，家室他是有的，但是否成为他的"累"，则不得而知。

关于他家室的情形，我们无从知晓。书本上只记载了他妻子死的时候，惠子便责备他说："相住一起这么久了，她为你生儿育女，现在老而身死，不哭也罢了，还要敲着盆子唱歌。这岂不是太不过分了吗？"庄子却有他的道理：

当她刚死的时候，我怎没有感慨呢！可是我经过仔细省察以后，便明白她本来是没有生命的；不仅没有生命，而且还没有形体；不仅没有形体，而且还没有气息，在若有若无之间，变而成气，气变而成形，形变而成生命，现在又变而为死。这样生来死往的变化，就好像春夏秋冬四季的运行一样，全是顺着自然之理。人家静静地安息于天地之间，而我还在哭哭啼啼，我以为这样对于性命的道理是太不通达了，所以不去哭她。

庄子在对生命短暂的深沉的慨叹中蕴涵着对现世生活、生命积极的肯定，不是把现世生活、生命本身看作是苦难，因而对人生表现出憎恶、负担的那种观念和态度。庄子具有极其强烈的要从这种大限中超脱出来的意向。这种超脱不是企求人的感性存在，而是对人的感性存在的运动趋向（"所归"）和最终归宿（"大归"）的理解、认识。这一从人生的自然困境中获得精神超脱的意向，转变为人生哲学理论，就是庄子在《庄子·知北游》中所说的"通天下一气也"的自然观基础上，庄子在《庄子·德充符》中提出的提出"以死生为一条"和在《庄子·大宗师》中提出的"死生存亡之一体"。这是庄子超脱死生这一自然之限的基本理解。

死是生的继续

生命是美丽的，死亡亦是美丽的。有人因对生的厌倦，而热切地盼望着死神的光临，把那看成是解脱，是超度。庄周梦蝶，庄周是蝶，蝶是庄周，人和蝶已经没有分别。死亡是生的继续，是一种存在方式。

也许这样说太过于消极，但如果豁达乐观地面世，不要太在意个人的悲欢得失，即使面对即将来临的死亡，也坦然面对，便没有什么能令自己耿耿于怀。有位诗人说：生如夏花之绚丽，死如秋叶之静美。这便是人生的高境界！

作家的话

一位作家说：死是一件无须着急去做的事情，是一件无论怎样耽搁也不会错过的事，一个必然会降临的节日。所以勇敢的人绝对不会选择自杀，既然死亡早晚都会降临到你的身上，那么何必急于一时？所有人都知道生老病死是人生必然要经历的过程，即有生的欢喜，必将伴随死的悲戚。可是人们依然对死抱着与生俱来的恐惧，认为死亡是一件可怕的事情，唯恐避之不及。

顺应世事

《庄子·齐物论》里面还说了这样一个故事：

> 丽姬是艾地封疆守土人的女儿，貌美如花，晋国征伐丽戎时俘获了丽姬。丽姬因被俘而悲伤欲绝，泪水都浸透了衣襟。后来，她进了晋国的王宫，成为晋王的女人，与晋王一同享受山珍海味，晋国的富庶超过艾地，丽姬这才后悔当初不该哭泣。

庄子崇尚自然，生活上主张安时处顺，在他看来，死亡只是自然规律的一种，人的生命本是上天赐予的，而死亡则是上天收回了自己的赐予。如果要在这件事情上自找痛苦、让自己悲伤，那是非常愚蠢的。

庄子告诉我们：生、老、病、死，只是一个自然的过程，就像四时更替一样不可抗拒。人留恋生命而畏惧死亡，必然带来精神的痛苦，这种痛苦被庄子称为"遁天之刑"，即逃避自然变化而受到刑罚。

要想真正逍遥处世，除了放下名利之累外，还要放下生死之累。既然生、死都是必然的，与其痛苦地活着，为何不快乐地生，再去面对死亡呢？生欢死悲之忧如果不再悬挂心头，那一直烦扰我们、束缚我们的生死绳结也就解开了，这就是自然的"悬解"。生活中，有些人非常恐惧死亡，他们忙着锻炼身体、忙着吃营养滋补品，几乎想尽一切办法试图延长自己的生命。人本来就是自然的造化，而死正是人顺风和回归自然的唯一途径。长生不老不过是一种虚幻的追求。正视死，但不怕死；重视生，更热爱生。

人生必定会遇到许多不期而遇的事情，顺应这些事情，往往会得到更多。人生难免生老病死，牢狱灾祸，不是自己就是朋友、家人。遇到这些事，不能袖手旁观，只能面对去逐一解决。也许，当时看着可能不尽如，但最终却能绝处逢生，帮你转移到更好的地方。

归之于一句话：顺生者必得全生，要想人生美满，就要顺其自然，如此而已。

死后自得其乐

关于死亡，庄子还讲了这样一个寓言：

庄子到楚国去，途中见到一个骷髅，枯骨突露呈现出原形。庄子用马鞭从侧旁敲了敲。于是问道："先生是不是贪求生命，因而成了这样呢？抑或你遇上了亡国的大事，遭受到刀斧的砍杀，因而成了这样呢？抑或有了不好的行为，担心给父母、妻儿子女留下耻辱，羞愧而死成了这样呢？抑或你遭受寒冷与饥饿的灾祸而成了这样呢？抑或你享尽天年而死去成了这样呢？"

庄子说罢，拿过骷髅，用作枕头而睡去。

到了半夜，骷髅给庄子显梦说："你先前谈话的情况真像一个善于辩论的人。看你所说的那些话，全属于活人的拘束，人死了就没有上述的忧患了。你愿意听听人死后的有关情况和道理吗？"

庄子说："好。"骷髅说："人一旦死了，在上没有国君的统治，在下没有官吏的管辖，也没有四季的操劳，从容安逸地把天地的长久看作是时令的流逝，即使南面为王的快乐，也不可能超过。"

庄子不相信，说："我让主管生命的神来恢复你的形体，为你重新长出骨肉肌肤，返回到你的父母、妻子儿女、左右邻里和朋友故交中去，你希望这样做吗？"

骷髅皱眉蹙额，深感忧虑地说："我怎么能抛弃南面称王的快乐而再次经历人世的劳苦呢？"

如果说"鼓盆而歌"反映的是对死亡的顺其自然的态度，那么上面的这个故事则说明，庄子不但看清生死，而且认为生不如死。生前还有种种羁绊，而死后无拘无束，和自然融为一体。这种快乐在庄子看来，就算是南面称王也比不上。庄子借骷髅之口描述了生命的累和苦，而死则是对肉体和精神的双重负担的解脱。

像哲学一样生存在人间，这也许是庄子对自己的终极认识。他的哲学本源只有一个字：道。道为"万有之无"。时间、空间、茫茫的宇宙和人一生，所有的存在，所有的"有"，都只是"无"。当世间的一切都放在你的面前，你就什么都没有。因为一切都会在刹那间灭失。这是变化的结果，一个事物不见了，它会以另外一种形式存在这世间，一切都没有消失，所以一切也未曾存在过。生之所、死之地都没有分别，把你挂在树上，你会成为鹰的一部分；把你埋在土里，你就会变成蝼蚁，这无关宏旨。

如果能看清生死，不为其困扰，就能从人生的痛苦与约束中解脱出来，获得心灵的自由与快乐。

当然，庄子也不是绝对轻生，绝不去刻意追求死亡，那将同样有悖自然之理。他所希望的是，人们能够抛开心中的生死之思，自在逍遥地活着。

当然，不可否认，庄子的这种认识也是很消极的。

相忘江湖

庄子说："汝身非汝有也，是天地之委形也；生者，假借也。"

生命是我们在这世间暂时借用的一个躯壳，不可以滥用，我们迟早要将自己交还给冥冥中的那个神祇。你和这躯壳所拥有的一切，最终都会像水一样蒸发，像河流一样远走，像梦一样无可追寻。你珍惜或是挥霍，不足以改变这个结局。杀人者人诛，窃国者天诛，没有分别。庄子在2400年前忧伤地沉思：那么，思考或者不思考，有区别吗？有我或者无我，在宇宙最高处的那尊神看来，有什么不同？

当然庄子是无神论者，但当他面对浩浩长空，面对生死离散，他一定会问自己：我是谁？我在哪里？我存在的意义是什么？

祈求爱情的鱼

一条鱼摇着尾巴游来，乞求庄子的爱情，庄子敲敲鱼的脑袋，告诉它：你拥有，就会失去。你若没有生的快乐，就不会有死的痛苦。所以拥有就是失去，死就是生。相濡以沫，最终还是要在光阴中彼此迷失。我们为什么走那么多弯路呢？结局清清楚楚地摆在前面，它可以用更简单的方法抵达。

他告诉鱼：你还是回海里去吧，江长湖宽，生命只是一场体验。

老婆在他的臂弯中死了。千千万万年，造化安排的这一次绝无仅有的相逢结束了。在几个小时前，她还在劝告儿子要读书，还在用树叶和红薯煮粥。庄子看着她渐冷的面孔微笑，他放下妻子，在宋国的街市中敲着盆大声歌唱。

"你怎么了？"有人问。

"哦，我的老婆死了。"他说，继续歌唱。

庄子望向天空。云朵在头上不停变幻，太阳散发出美丽的光辉，他看见死去的妻子正在慢慢扩散，变成云，变成泥土，变成阳光，变成包围自己的空气。

"人且偃然寝于巨室，而我噭噭然随而哭之，是不通命也。"

庄子喃喃地说，妻子睡在天地的大屋子里，她即将永恒，她再也不会有穷苦和疼痛，这是她的归宿，人人都有这样一个归宿，所以我要为她庆贺。

数千年的光阴如飞鸟一样落在他的头上，他霎时间明白了生命的道理，死一直隐藏在生之中，死去也就意味着得到永生。而人无论如何也不能得"道"，因为人有知觉、有形状、有质量。只有死去才可以。他在宇宙的最远处看着自己微笑。从某种程度上，庄子的这种认识和《浮生梦》有异曲同工之妙：

来时无迹去无踪，
去与来时事一同；
何须更问浮生事，
只此浮生是梦中。

顺从造化

《庄子·大宗师》中记载了这样一个故事，颇耐人寻味：

子祀、子舆、子犁、子来四个人，都认识到生、死、存、亡是一回事，就作了朋友。一天，子舆中了邪气，腰弯了，面颊佝偻到肚脐下面，两肩高过了头，背上有五个大疮洞。子舆在井口看到这副模样，便说："真是伟大的造物者啊，要把我变成一个拘挛人啊！"他毫不抱怨。

后来，子来病了，大口喘气，快要死了。子犁来安慰他，他却说："儿子对于父母，不论要到东西南北哪一个方向，都是一听吩咐便照做的。造化者安排好了我的生，也安排好了我的死。譬如现在有一个冶金的工匠在铸造器皿，那金属突然从炉子里跳出来说：'你一定要把我铸成一把宝剑'。那工匠一定认为这是一块不祥的金属。同样，我被造化成人，若得意地说：'我是人啊，我是人啊'！造物者一定认为我是一个不祥的人。现在就把天地看作是一个冶炼的熔炉，那么，造化者要怎么打发我，我怎么能不顺从呢？"

讲完这话，子来安详地睡着了。过了一会儿，又自在地醒来了。

后来，子来又病了，大口喘气，快要死了。妻儿围在床前哭泣，子犁去看他，对他的妻儿说："去，走开，不要惊扰由生到死的过程。"

子犁肃立在床边，行了注目观化之礼。然后对临终的子来说："那掌管阴阳变化的造物主啊，他今夜会把你变成什么，把你送到哪里去呢？是要把你变成老鼠的肝脏，还是草虫的臂膀呢？"

子来说："儿子对于父母，不论要到东西南北哪一个方向，都是一听吩咐便照做的。阴阳造化比父母更父母，早已安排好了我的生，也安排好了我的死。现在阳父阴母用死亡来召唤我，我不听从，便是忤逆。他俩召唤我，还会错吗？造物主今夜想把我变成什么，我不想选择，也不想打听，譬如现在有一个冶金的工匠在铸造器皿，那金属突然从炉子里跳出来说：'你一定要把我铸成一把宝剑。'那工匠一定认为这是一块不祥的金属。同样，我被造化成人，若得意地说：'我是人啊，我是人啊！'造物者一定认为我是一个不祥的人。现在就把天地看作是一个冶炼的熔炉，那么，造物主要如何打发我，我怎么能不顺从呢？"

子舆、子来无疑都是智者，他们明白，自己面临的最大问题并不是生病或死亡，而是要顺应自然的变化，坦然面对一切。耶稣也不能避免自己上十字架，但他知道自己会因信心而复活，他果然复活了。

庄子这个寓言，将天地比作熔炉，人则为坯料，在绝对顺服中，才有意义，若不顺服，则是荒诞不经的事；人的心灵在顺从造化者时，才有平安慰藉，否则只能陷入痛苦绝望中。这和老子那个"刍狗"的比喻，意思是相通的。

"不知死活"

曾有这样一个小故事：从前有个百岁老人做寿，亲朋满座，自然有人向他请教长寿之道。老人无法推托，说："我的长寿秘诀就是不知死活。"什么是"不知死活"？就是既不知生，也不知死的意思。

这当然是一种很高的人生境界，小孩子不知有死，于是活得很快乐。一旦明白人是会死的，就会整日不开心，并且这种惶恐将终生伴随。

生死变化

《庄子》一书中讲述了这样一个故事：

支离叔和滑介叔一同到昆仑山上去游览，站在山的高处，俯视着昆仑山的盛景，两人无比惬意。这时，滑介叔左臂上突然长出了一个瘤子，而且越长越大。

支离叔问他："您厌恶它吗？"

滑介叔说:"没有。我为什么厌恶?生命,只是一种假借,假借来的那个东西长出瘤子有什么关系呢?死和生就像黑夜和白昼。现在轮到了我,我为什么要厌恶呢?"

庄子本人是一个让人猜解不透的、与众不同的人,他聪明绝顶,性格恬淡,对人间情感绝不眷恋;他不慕名利,甘于贫贱,却又时时向往着超越与逍遥;他时而好辩,时而沉默,他生活在其中的那个世界明明就在世间,但却是一个常人难以进入的、绝不同于流俗的、充满神奇想像、有趣寓言的世界。他懂得一切,却并没有割舍一切。他知道世界与人类有着无穷的缺陷与疾病,但他自己却并没有隐居山林,过着孤独而清静的生活。他做的事是唱着歌悠游于人间。

每个生命的诞生对于由无数生命组成的生命之海来说,只是多了一滴水罢了,而死亡也只是一滴水从大海里蒸发了那么简单。

生命的存在过程就是"大道"的寄托,用心去体会"大道",就能超越痛苦、超越死亡,获得自在逍遥的境界。

精神之圆

生命就如同一个圆,一个在物质基础上产生精神的圆。我们每天享受生命又每天丧失它,我们无法增加生命的长度,只好追求它的深度。美国哲学家乔治·桑塔亚那说:"生和死是无法挽回的,唯有享受其间的每一段时光。让死亡的黑暗背景衬托出生命的光彩。"

死是最伟大的平等,倒是生使我们沉重。因为在生中才有了伟大与平庸、崇高与卑微。因而,我们只有选择付出与创造——付出与创造才能使我们有限的生命得到延伸。"立功""立德""立言"是古人观念中达到不朽的三种途径,司马迁、李白、杜甫、李世民、成吉思汗以及近现代的无数志士仁人,无不是以其执着的付出与创造,或立德、或立功、或立言、或兼而有之,使自己英名流芳的。

庄子从中领悟到:生命是时时刻刻在变化的,心境应随着变化运行,不要以昨日的心来看待今日的变化。庄子认为人之生死如万物变化,像昼夜更替。

第五章　庄子心中的真"道"

言可以表意，意有赖于言的表达，在言必须为意服务的基础上，二者可以获得统一。意和言之间又是矛盾的，有时言不能尽意，有的意不可言传，这种不可言传的意即所谓言外之意。在言外之意以外，还有一种超越语言、超越意念的意，即既不可言传，又不可言意的"意"，这种意就是一种最高的审美境界。尽管《庄子》一书辞藻华美、想像丰富、喻示深刻，但庄子却让我们忘记了语言的功用，而用心灵去体会宇宙人生的自然运转。

事情经过传播往往失去其最初的面貌，盲目接受只能混淆视听，所以我们不能轻信传言，一定要用事实去检验，用调查去验证、用分析推理去区别。对于中国哲学来说，一方面，道的无言要求人归于沉默；另一方面，又不得不借助语言，来表现"道"。

积极的沉默是不言之言，是以"不言"的姿态来形成言语的神韵，而传达无尽的意蕴于言外。庄子就是用一个个奇思妙想的寓言传达了自己的无穷哲思。学习庄子，领会庄子，也要忘记庄子的文字，而体悟其精神。只有抛弃了语言和文字对人思想的束缚，才能真正理解庄子所追求的真道。

一生无言

庄子说：我一辈子说过很多很多的话，但我确实感到我没有说过话。
《吕氏春秋·察传》讲了一个古代版的传话故事：

宋国有一户丁姓人家，家里没有井，为了灌溉和饮水的需要，常常派出一个人到外面打水。后来，他家凿了井，就告诉别人说："吾家穿井得一人。"

有人听了之后又传出去说："丁家凿井，挖出一个人。"宋国人都这样说，就传到了国君的耳朵里。国君也很好奇，就派人去问丁家是怎么回事，丁家回答说："是得一个人使唤，不是在井中挖到一个人。"

丁家人凿了井之后，不用再派人外出汲水，多了一个人干活，所以很高兴地对别人说："吾家穿井得一人。"

如果了解事情的具体情况和因果关系，就知道这只是一句普通的家常话。但是，经过口耳相传、捕风捉影之后，就变成了"丁家从井底挖出一个人来"，家常话变成传奇了。

不轻信传言

事情经过传播往往失去其最初的面貌，盲目接受只能混淆视听，所以我们不能轻信传言，一定要用事实去检验，用调查去验证，用分析推理去区别，像宋君一样，听到"穿井得人"的神奇传言，便直接去问丁氏，自然会得到真相，就不会闹这样的笑话了。

说话的目的，是想让别人接受自己的看法、主张。说话要讲究艺术，虽然表达的内容很重要，但是时机不对也不会有好的结果。《论语》中说，孔子说话总是先看准时机，所以大家都非常喜欢听他讲话。那么，相反，如果时机不对而多嘴多舌，就会让人讥笑。

大美无言

庄子还说过一句话叫做：大美无言。其意思大约应是：最美的东西不需张扬，自身也不会张扬。"人在风景中，人也成了风景；心中有风景，世界就在心中。"山水大自然充满了运动和生命，富有蓬勃生机和活泼意趣。

人们热爱自然是因为热爱生命，热爱生活，大自然总有那么一种感动，它振奋着你，这是一种美的力量，这也是源于人自身本能的力量，我们把自己放入风景之中，我们就已与这个风景相融。我们把风景放到心中，我们就已拥有了这片风景，而自然再大，也不会大于我们的心胸，我们就会有力量去拥抱全世界，去呼吸，去感受，去创造，美而无言，却深深感化着我们。

道不可言

《庄子·天道》中记述了这样一个故事：

有一天，轮扁在堂下做着他的本职工作——砍削车轮。他看见齐桓公在堂上聚精会神地读书，就走上前去搭讪："请问您在读什么书啊？"齐桓公回答说："好书啊！里面全是圣人说的话。"轮扁说："您所说的圣人现在在哪？"齐桓公说："已经死了。"轮扁说："哦，这么说您现在在读的全都是废话！"齐桓公闻言大怒："你个老东西！我在这读书，你一个做车轮的在这里唧唧歪歪个什么？你有什么话就快说，要是说错了，我把你的脑袋砍下来当车轮！"

轮扁说："我是个做车轮的，那就以做车轮为例吧。砍削轮子，要是轮圈太松，则容易松滑，要是太紧了，就会滞涩而放不进去。必须要不松不紧才行。虽然我已经做起这个来得心应手，但其中的诀窍我却没办法传给我儿子，我儿子也不能领会并继承我的手艺。所以老汉我今年七十岁了，还不得不在这里做车轮。古人的那些大道理也是一样，真正的大道理是无法言传的，能够流传下来直到今天并且还放在这里让你读的，当然就全是屁话了。"

庄子用这个小故事告诉我们一个大道理：真正的大道理是不可言传的。就像老子说的"道可道，非常道。名可名，非常名。"话从一个人的嘴里说出来，或者从一个人的手里写出来，经过一层或几层转化，必然会和原来的本义发生偏差。等到再进到另外一个人的耳朵里，那就又发生了偏差。

拿读书为例，读书有不同的境界，一是被书所读，不知为何而读书；二是读书仅仅局限于书，为读书而读书；三是读书不局限于书，而是成为清理思想和新思想诞生的前奏。在与书相伴的读与思中，捕捉那稍纵即逝的思绪，领悟"生有涯而知无涯"的意味，将生命飘逝与学问累积相辅相成地联结起来。

文本的真正意义

庄子的这一故事涉及到现代哲学解释学的一个核心问题，即关于我们所要理解和解释的文本的书写，言谈及意义之间的关系问题。在桓公看来，文本的真实意义并不随着圣人的死亡而消失。它通过圣人的言谈、书写保存下来，流传开去。今天我们理解圣人典籍的本义，就是要通过聆听圣人之言，阅读圣人之书来达到。换句话说，流传至今的圣人之言、圣人之书与作品本义之间并无不可逾越的鸿沟。相反，这些圣人之言和圣人之书乃是我们今天通向作品本义的唯一可靠桥梁。与桓公的这一立场相反，轮扁用他几十年做车轮的经验说明，一个文本的真实意义并不能毫无妨碍地通过作者的言谈和书写保存下来，流传开去。

言语的胜利不等于真正的胜利，那只是语言技巧的胜利，是一种只注重表面文章的做法。过于修饰言辞，像公孙龙一样，反而会忽视事物的本真，最终成为真理的局外人。所以，庄子说：各种迷乱人心的巧说辩言都是圣哲之人鄙夷、摒弃的。

买椟还珠

韩非子还讲了个"买椟还珠"的故事，来说明华丽的语言不可取：

春秋时代，楚国有个专门卖珠宝的商人，有一次，他到齐国去兜售珠宝。为了让珠宝的销路好，他特地用名贵的木兰木制作了精美的匣子，又用珍贵的桂、椒一类的香料把盒子熏得芳香扑鼻，再点缀上珍珠和玉石，装饰上玫瑰花纹，还用翡翠给匣子镶了边。一个郑国人见了匣子非常喜欢，当场付了足以买珠宝的钱，却只拿走了匣子，归还了里面更贵重的珠宝。

"买椟还珠"这则成语，是用来讽刺有些人只重外表而不顾实质，舍本求末。其实，韩非子讲这个故事，是用来说明过分追求形式，反而会喧宾夺主。过分华美的言辞往往是文浮于理，末胜于本，使人忘了内容本身，而被外在形式吸引。就像故事中卖珠宝的商人，他把装珠子的木头盒子制作得万般精美，却使买主的注意力被盒子吸引，致使珠子的价值反而被忽略了。而他真正想售出的是珠子，不是盒子。韩非子认为，过度重视言辞就如买椟还珠一样，搞不好就会喧宾夺主，而忽略了真正的圣贤之道。

秦伯嫁女

韩非子还借田鸠之口讲了秦伯嫁女的故事：

秦国的国君把自己的女儿嫁给晋国的公子，给她置办了丰厚的嫁妆，其中穿着华丽衣服陪嫁的小妾就有七十人。到了晋国，晋公子却只喜爱那些衣着华丽的陪嫁小妾，却不爱秦伯的女儿。

珠宝、秦伯之女都是要突出的主要目标，盒子和妾则是为突出主要目标服务的陪衬，然而恰恰是附属品使主体的价值被忽略了。现在很多人在讲解古典文学时，常常只讲字词含义、艺术特色、学术地位，却往往忽略了作品所传达的神韵，这难道不是文化上的买椟还珠吗？

得鱼忘筌

庄子说："得鱼而忘筌，得兔而忘蹄"。"筌"就是捕鱼的网，"蹄"就是捕兔的猎具。这句话的意思是说：捕到鱼后就要忘记捕鱼的网，打猎得到兔子后就要忘记捕兔的猎具。庄子用此来寓意语言，语言是用来表达思想的，但当语言不能充分表达思想的时候就要忘掉语言。任何思想都是可以通过语言来表达，但是语言往往不能完美的表达思想，所以在力求使语言准确表达思想的同时，还需在言所不及处适可而止，使听者根据语言所讲的范围去了解其思想，慢慢地去体会。这就是用语言而要忘却语言了。

弃"伪"

庄子主张顺从天道，而摒弃"人为"，摒弃人性中那些"伪"的杂质。顺从"天道"，从而与天地相通的，就是庄子所提倡的"德"。在庄子看来，真正的生活是自然而然的，因此不需要去教导什么，规定什么，而是要去掉什么，忘掉什么。既然如此，还用得着礼乐教化、仁义劝导吗？这些教化、劝导，庄子认为都是人性中的"伪"，所以要摒弃它。

"采菊东篱下，悠然见南山"以对自然的独特感受，对人生的悟解，表明了诗人陶渊明励志持节的广阔胸襟，颇受历代文人墨客的赞赏，本诗寓深刻哲理于自然美景中，寓意含蓄，达到了"得意忘言"的境界。

无穷的意念

语言是人们交流思想的符号，它有自己的体系，并且有限量。意是语言所要表达的思想。人类的心智往来飘忽，变幻莫测，所谓"精骛八极，心游万仞""观古今于须臾，抚四海于一瞬"。意识一方面反映客观世界的本质；另一方面渗入了个人主观感彩，不但成为主客体相互结合的产物，而且"心似涌泉，意如飘风"，起伏不定、不可琢磨，人心于是成为世界上最高深莫测的东西。

文言动词中有使动和意动之分。使动较为客观，值得研究的是意动。意动是什么呢？同一件事，有的人以为耻，有的人以为荣；有的人以为苦，有的人以为乐。意动因人而异，所谓心旷则万钟如瓦缶，心狭则一发似车轮。陶渊明"亲戚或余悲，他人亦已歌，死去何所道，托体同山阿"可为例证。

人们经历各异，志趣不同，水平参差，对同一件事物身受不一定感同。"慷慨者逆声而击节，蕴藉者见密而高蹈，浮慧者观奇而跃心，爱奇者闻诡而惊听"，是指人们对文章的欣赏各取所好，很难全面的评价。立言之人每每处心积虑，文不达意。原因在于：以有限的语言表达无穷的意念，容易捕风捉影，想要表达清楚难上加难。一念未平，百念纷起。差之毫厘，失之千里。庄子于是发出"道不能言，得意忘言"的感叹，而"尽在不言中"已经是路人皆知了。

惠子感悟

　　庄子曾在自己的书中，写了当时著名的名辩家惠施对于辩论的心得：惠施口才很好，和别人辩论了一辈子。每当他辩论累了就在梧桐树上休息。

　　有一次，惠施在休息的时候终于悟到了不辩论的道理，从此就不再劳神和人家辩论了。

　　利用自己的口才在辩论会上把别人辩倒，就算是真正的胜利吗？如果你认为是胜利了，那正是你的失败。惠施起初因为辩论很开心，但后来他终于悟到，语言不过是求道的手段而已，而非求道的终极目标，没有必要对过程太过执着。当人们过分注重语言本身的时候，原本为了表现内在精神的语言，就会成为人生的累赘。

庄子与惠施辩论

自相矛盾

　　《韩非子》里面讲了这样一个故事：

　　楚国有个人在集市上既卖盾又卖矛，为了招揽顾客，使自己的商品尽快出手，他不惜夸大其词、言过其实地高声叫卖。他首先举起了手中的盾，向着过往的行人大肆吹嘘："列位看官，请瞧我手上的这块盾牌，这可是用上好的材料一次锻造而成的好盾呀，质地特别坚固，任凭您用什么锋利的矛也不可能戳穿它！"

一番话说得人们纷纷围拢来，仔细观看。接着，这个楚人又拿起了靠在墙根的矛，更加肆无忌惮地夸口："诸位豪杰，再请看我手上的这根长矛，它可是经过千锤百炼打制出来的好矛呀，矛头特别锋利，不论您用如何坚固的盾来抵挡，也会被我的矛戳穿！"此番大话一经出口，听的人个个目瞪口呆。

过了一会儿，只见人群中站出来一条汉子，指着那位楚人问道："你刚才说，你的盾坚固无比，无论什么矛都不能戳穿；而你的矛又是锋利无双，无论什么盾都不可抵挡。那么请问：如果我用你的矛来戳你的盾，结果又将如何？"

楚人听了，无言以对，只好涨红着脸，赶紧收拾好他的矛和盾，灰溜溜地逃离了集市。

现在用这个词来表示自己说的话不能自圆其说。比如："你刚才的发言前后自相矛盾，别人不知道该怎么理解。"

蒙蔽

加图有一句名言：语言既可以掩饰思想，也可以暴露思想！如此说，语言又是一种掩饰阴谋，粉饰自我的"高级化妆品"。心胸狭隘者想用它来得到心胸豁达的赞叹，蛮横凶残者千方百计的用它来粉饰自己的和蔼友善，仁慈恻隐。虚伪者、深藏心计者、害怕者、谎言者等，都在绞尽脑筋地利用它。于是，语言也是一件包装自我的"皇帝新装"。我们在聆听中难辨真假，难免有时会被蒙蔽。把谨慎小心的人误为懦夫，节省的人误为守财奴。同时，也把奢侈者当作是慷慨大方，粗鲁者是直爽诚恳！言为心之声，衣为外之表。

如上所言，语言是一种隐藏自我的高级工具。粉饰虚伪人格的高级化妆品。但毕竟言发于内心，时间会把所有存在其中的一切一一敲碎，包括我们的生命！虚伪的语言也终会被时间撕破！所谓"真金不怕火炼"。真的和假的会偶尔被蒙蔽，但永远不会被互换！

语言的障碍

一位西方艺术家在郁愤中说道：语言是我们最终的障碍！我们偶尔带着一份大胆的、自我鼓励的勇气去用语言表达自我，希望被理解。但大多数都是绝望而退！而我们在聆听别人的表达中，也是那样轻易地不理解别人、否定别人。我们总是乐于从自己的性格出发去衡量他人，看到的情形是别人在思维或情感方面远远违反自己的标准，远远落后于自己的水平！以至总是在内心和外表上浮现不耐烦的情绪！

如此说，语言也是我们人类一个可悲的弊端！如各人手中无形的利剑，我们在刺伤与被刺伤中互相防备。正如赫滋里特所说：语言得意洋洋的把思想定在适合自己发展的范围内，就像河流和山脉限定着国家的疆界！

第六章　庄子的幸福观

　　庄子就像他寓言里清高的神鸟，不会同秃鹰争抢腐鼠。他的清高不但使他清贫，也令他声名不彰。也就是说，他活着的时候，名和利一样没捞着。但也正因为超脱名利之外，庄子才之所以是庄子。《庄子·刻意》中说："众人重利，廉士重名，贤人尚志，圣人贵精"，沉迷名利者的境界早已没有庄子的境界高远了。那些"立德、立功、立言"者，不知有多少属于欺世盗名，说得天花乱坠者自己能做到几分？而庄子的自娱之作告诉我们，他不但是个幽默得道者，更是个践行其道的传道人。

　　明代憨山大师说："不读春秋不能知世，不读老庄不能忘世，不修禅定不能出世。"读《庄子》，得意者可减少对名利的执着，增加对人生的觉悟；失意者更可从庄子物质贫困而精神自由的一生中得到安慰。特别在这物化的时代，金钱似乎成为万能。然而，古往今来，有几个巨富留名青史？我们可以像蝴蝶一样自由自在地飞翔，却因为名利这根缰绳，变成永远也飞不高的风筝。

　　让我们一起品味道家的智慧，探求生命的自由。至于用多长时间，还是"顺成"吧，即"顺其自然以成之"的意思。这才符合老庄之道啊！

幸福根源

　　《庄子》第一篇题为《逍遥游》，这篇文章由很多故事构成。这些故事所含的思想是：获得幸福有不同等级。

　　自由发展我们的自然本性，可以使我们得到一种相对幸福；绝对幸福是通过对事物的自然本性有更高一层的理解而得到的。这些必要条件的第一条是自由发展我们的自然本性，为了实现这一条，必须充分自由发挥我们自然的能力。这种能力就是我们的"德""德"是直接从"道"来的。

庄子对于道与德的看法同老子的一样。例如他在《庄子·天地》说："泰初有无。无有无名，一之所起。有一而末形。物得以生谓之德。"所以说，我们的"德"，就是我们每个人所具有的特性。"德"，即自然能力，充分而自由地发挥了，也就是我们的自然本性充分而自由地发展了，这个时候我们就是幸福的。

联系着这种自由发展的观念，庄子作出了何为天、何为人的对比。他在《庄子·秋水》中说："天在内，人在外。……牛马四足，是谓天。落马首，穿牛鼻，是谓人。"天指自然，人指人为。他认为，顺应天道是一切幸福和善的根源，顺应人道是一切痛苦和恶的根源。

真正的幸福

万物的自然本性不同，其自然能力也各不相同。可是有一点是共同的，就是在它们充分而自由地发挥其自然能力的时候，它们就是同等地幸福。

《逍遥游》里讲了一个大鸟和小鸟的故事：两只鸟的能力完全不一样。大鸟能飞九万里，小鸟从这棵树飞不到那棵树。可是只要它们都做到了它们能做的，爱做的，它们都同样地幸福。所以万物的自然本性没有绝对的同，也不必有绝对的同。《庄子·骈拇》中说："凫胫虽短，续之则忧。鹤胫虽长，断之则悲。放性长非所断，性短非所续，无所去忧也。"这句话足以表达庄子的观点。

庄周的选择

庄周可以不穷，贫穷是他主动选择的，庄子不想自命清高，不想混迹于那帮势利小人之中，不愿意受大君王大臣们的束缚和限制，不想依靠阿谀逢迎，为虎作伥，来换取荣华富贵。他向往的是对自由快乐的追求，向往的是人生的真正的幸福。

庄子又说：万物的自然本性没有必要有绝对的相同，也不必有绝对的相同。野鸭子的腿很短，而鹤腿却很长。在它们充分而自由地发挥自然的能力而生存的时候，同样是快乐、幸福的。相反，如果人们认为鸭腿短而接上一截，鹤腿长而去掉一截，由于违反了它们的自然本性而使它们感觉痛苦不能生存，终于死亡。因此，一定要自由地发展万事万物的自然本性，反对人为的强制。

如何达至绝对的幸福？也就是达到庄子所说的"与造化者同其逍遥"的境界。

自身的努力

庄子强调一种自身的努力。他主张通过对自然本性的理解，摆脱人际之间的、人自身的限制。就如《逍遥游》里的那个大鹏鸟，具有广阔的胸襟和高于凡尘的视野，才可以往来于天地之间不受束缚。这里有两点是需要注意的：

1. 庄子强调了自由是通向幸福的必然路径。他不是强调自由权利，即个体不受限制的最基本的行动范围，而是一种自由观念和价值。尽管庄子常常强调行动的自由，反对道德所带来的人对人的束缚，但他更强调那种作为价值和观念的自由。世间存在着种种束缚，人仍可以在最不自由的情况下达到自由，因为他的心总是属于他自己的，他总是那个行动最后的决定者。就好像真正的隐士不是居住在山野而是闹市。这是一种心的自由。陶渊明的诗做了最好的注解："心远地自偏"。

2. 道家大约是中国最早、最多强调个人自由的。从老子的无为到庄子的逍遥，无论是人生道德还是政治哲学，都充满了一种自由主义。这种心的自由对中国社会无疑有很大的影响。一方面，它铸就了一种中国人的气质、精神，一种静的气质，随遇而安、质朴淡泊、清心寡欲；另一方面，这妨碍了中国社会法制的建立。庄子的"无君论"和老子的"无为而治"，连同儒家的"礼治"一起妨碍了法律制度在中国的成熟。

幸福是获得知识的结果。首先，这所谓的知识实际上是对事物的自然本性和对人与自然同一性的认识，而非其它。其次，这是一个顺应自然的过程。当人的行为更多地同自然相统一，当人能更好地认识自己，按着自己的天性去做，才能去除别人和自己给自己套上的枷锁。

庄子认为人有三个困境：自然之限、社会之限和自我之限。只有突破它们才可达到幸福，而凡人受限的原因在于无法理解这些。人可以因为知识的获得而利用理解的作用来从情感上、精神上减少这些限制对人的实际影响，这实际上也就决定了庄子的思想成为后世知识分子而非平民的思想。

绝对幸福和相对幸福

那么，庄周所认为的"绝对幸福"与"相对幸福"又是怎样的呢？

庄子按照人所达到的境界不同，将之分为"一般社会中人"、宋荣子为代表的人、列子为代表的人、"至人、神人、圣人"四种人物。第一种人，具有"拘于礼俗中的社会模范人格"，也就是儒家的理想人格；第二种人，摆脱了对礼俗的坚持，遗忘了荣辱的情绪，这是宋荣子所代表的"回到了自然人格的人本胸怀"；第三种人，在自然人格的基础上追求人的"自身与万物为一体的自然状态"，在"无挂累"的修养上追求"身无拘束"的轻便；第四种人，追求的是"与造化同游的逍遥的境界"。是不是这四种人随着境界的提高，其人生价值和幸福感就提高了呢？而第一种为社会、为他人所累的人就没有其幸福了呢？

如此推崇自由的庄子，他生而不喜世俗所规定的种种束缚。"绝对幸福""相对幸福"和"四种境界"的划分，对他来说，不过是出于个人的喜好，或者说是道家的喜好。

"绝对幸福"和"圣人的境界"是他有权去推崇的理想境界。一方面，因为有这样的理想，使他会将普通人和理想人分开；另一方面，他是不会对此作出伦理的、社会等级上的划分。在庄子看来，人与人的差别实际上是自然本性的差别，自然本性本无优劣之分，人与人便不应有等级划分，不同的人追求的不同幸福也无雅俗之分。况且，由于社会需要不同，每个人的才干、志向不同，所从事的活动也不相同，尧有治天下的才能，许由虽有才干，志不在此，自然不愿接受天下。

但今人在探讨庄子的幸福观时，虽倾心于其文采、思想，但同时心中也产生了许多疑惑，主要表现在以下三个方面：

1. 庄子的幸福观预设了一个前提就是人们皆幸福而无痛苦。事实有时并非如此。痛苦与幸福本就为一对双生的概念，若没有痛苦的存在，岂有幸福？又或者说，所体验的痛苦越多越深刻，对幸福的获得就越珍视。同时，许多人是安于接受痛苦的。在痛苦中可以磨砺思想，可以换取自己所期望得到的结果。可以说，不愿意直面痛苦的人，必然会遭到浅显的快乐带来的最终的索然无味。客观地说，痛苦是无法回避的。

2. 庄子推崇"以理化情",即通过知识的获得来突破人的困境,同自然达到统一,得到绝对幸福。问题的症结在于:人与自然究竟是不是绝对统一?人从社会化开始的那一天起,就决定了人最终无法摆脱社会关系。从这个意义上讲,儒家追求一种人与人关系的和谐也就是顺应了人的天性。而庄子一再强调"以理化情",倘若这个过程是人无法理解并接受的,且造成了实际上的不幸福,那么,这还是不是顺应自然?

3. 庄子的自由主义以自身的努力来追求幸福,那么对于现实怎么办?当现实的不平等和困境无法改变时,心的自由可以带来自我超越,可以在精神上达到幸福。但按照这样的逻辑,无论在怎样的状态下都可以追求精神上的幸福,那现实的一切就可以不必去改变,这样,不平等和不公正就可以理所当然地存在。无怪后世许多统治者用道家思想来维持自己的统治秩序。以这样的态度,事实上是无法争取到社会的进步的。

庄子的幸福观在那个动乱的年代里,给沉迷于权欲、物欲的人们带去了另一种思维方式,给在这种残酷的现实中找不到出路的人们带去了几许慰藉。

现实主义的儒家或许占据了几千年中国思想的统治地位,但只要浪漫的气质和事实的不平等仍然存在,道家就会一直影响着中国人,中国人的性格、文化与民族性。

弱水三千

"弱水三千,只取一瓢饮"。这是庄子的名言,意思是说,尽管世界上的水很多,但我只喝其中的一点点。同样,这也是贾宝玉的一句经典爱情表白。贾宝玉曾经试图用这样的话去化解黛玉刚刚上来的醋劲。得一瓢之饮,但饮便是,不管是水做的女人还是泥制的男人,一瓢之外,生出来的也许都只是些无色无味、无臭无形的妄念……

返归本性

庄子碰到的辄辙之鱼，只要放到沟里就能使鱼成活，不需要你从东海里去取那么多的海水。李白曾经幻想自己是飞翔的大鹏，有希有鸟做伴，能够搏击长空，至南海，六个月一息，也从来不想去追求什么朝廷里的职位，去"达则兼济天下"。那么如果"不达"呢？那就沉浸于自己无边的想像中，也是一种了不得的快乐。

根据自己的天性去生活的人，只要按照自己的本性，做自己能够做的一切，他便无论能力大小都能获得一样的自在和幸福。可见庄子追寻的是一种精神上的自由与幸福，把生老病死、吉凶祸灾等一切精神烦恼和痛苦彻底排除，不再感到生命的渺小和匮乏，返归本性！

懂得放下

一个人往往只有经历了漫长的人生跋涉后，才最终明白生命的意义，其实并不在于获得，而在于放下。放下会使你冷静主动，放下会让你变得更智慧、更有力量。人的一生是放下和获得的矛盾统一体。你不可能什么都得到，生活中应该学会放下。放下权力，你可能获得轻松；放下机遇，你可能摆脱牵累；放下已经死掉的爱情，你可能有机会看见更适合你的芳草。所以，庄子说，要顺应自然，就能获得快乐。

生活中拿得起容易，放得下难。我们之所以感到重压之下的生活不快乐，其实正是作茧自缚，自己给自己增加了功名利禄的重负。明人有著名的一联说得好：

"宠辱不惊，看庭前花开花落；去留无意，望天上云卷云舒。"

为人做事能视宠辱如花开花落般平常，才能不惊；视富贵、生死如云卷云舒般自然，才能无意。只要你心无挂碍，什么都看得开、放得下，何愁心中没有泉水淙淙，春莺啼鸣呢？

如今，人们的衣食住行有了很大改善，人们理应生活幸福！可有些人总是抱怨生活的压力太大，学习、工作、家庭、金钱甚至爱情，本来该是生活的快乐所在，却变成背上的枷锁。习惯面无表情的生活，习惯让自己的心很硬很硬，忘记了这个世界上还有一种东西叫做幸福。

我们应该学学庄子的幸福观，不要被物质欲望束缚了自由自在的心性。把幸福的标准降低，事事都能幸福；把幸福的内涵广泛化，处处都能找到幸福。平平淡淡就是幸福，平平常常就是幸福。这种平淡平常的生命体验是一种自我满足，是一种随遇而安，是一种对生命的客观尊重。

如果我们不那么匆匆，如果我们用爱的目光看世界，如果我们用自由的心性去体验生活，那么幸福真的离我们不远了！

无为而治

什么是"无为而治"？

无为：无所作为；治：治理。"无为而治"意思是说：自己无所作为而使天下得到治理。原指舜当政的时候，沿袭尧的主张，不做丝毫改变。后泛指以德化民。这个词语出自《论语·卫灵公》："无为而治者，其舜也与？"

庄子之时，百花齐放，百家争鸣，异彩纷呈。儒、墨、名等百家各领风骚，争吵较为激烈。而庄子则如幽谷百合，虽国色天香，但孤芳自赏，不与人争，人亦不与之争。庄子动手不动口，以木为纸，化刀为笔，力战儒、墨等百家。

在庄子看来，儒家是最大的对手，几乎整部《庄子》都在与孔子争论。这是因为他认定儒家学说最易惑众、最难对付。但是不是还出于南北对抗的分庭抗礼心态？庄子对儒家，尤其是对孔子的态度非常复杂，钦佩有之，褒扬有之，讥讽有之，贬抑有之，怒斥有之。是道不同不相与谋，还是道相近而"术"不同？是水火不容，还是阴阳互斥？

舜"无为"而治天下

古时，舜品德高尚，尧派他来管理天下。

当时中原到处是洪水，以前尧派鲧去治理洪水，9年后失败了，舜就派鲧的儿子禹去治水。禹果然不负众望，13年后平息了洪水。舜和尧一样，对老百姓很宽厚，多采用象征性的惩罚，犯了该割掉鼻子罪的人，让穿上褐色衣服来代替；应该砍头的人只许穿没有领子的布衣。

为了让老百姓懂得乐舞，舜派夔到各地去传播音乐。有人担心夔一个人不能担当重任，舜说："音乐之本，贵在能和。像夔这样精通音律的人，一个就足够了。"夔果然出色地完成了任务。

孔子赞叹道："无为而治，说的正是舜啊！他自己需要做的，只要安安静静坐着而已。"

效法"自然"

"仁义"二字被视为儒家思想的标志，"道德"一词却是道家思想的精华。

庄子在政治上是主张"无为而治"的，他认为，帝王要"以无为常""帝王无为而天下功"（《天道》）。在庄子看来，为人处世应是不偏不倚的，不去伤害别人，也不施舍，不与人争财物，自食其力。因此他主张遵循"中道"，这样可以保身，可以舍生，可以养亲，可以终年。他劝人们"顺其自然"，不要以好恶损伤天性，应听任自然变化。"顺其自然"反映了庄子自我解脱的内心世界。庄子主张"无为而治"，向往自由无束缚的生活。庄子思想虽有消极虚无的一面，但其根本目标却在于要使人的生活和精神达到一种不为外物所束缚、所统治的绝对自由独立的境界。

庄子向来主张：绝圣弃智，无为而治天下。他认为伴随着知识、智慧、仁义、机巧而来的，自然是人的精神领域的骚动与异化，这将导致宁静心境遭到破坏，带来道德的堕落和社会的不平等。他提出返璞归真的道德主张，认为只有以"无为"为指导，效法"自然"，才能实现至德之世的道德理想。

天道是不可怀疑的，因为怀疑是一种理性行为，而体认则超理性，属于信仰层面。因此，"天人合一"之德也是不可怀疑的，值得怀疑的倒是某种伦理规范：它究竟合不合道德？进而，也可以发问：某种社会设置、社会思潮，合不合道德？这是道家一切批评的出发点。

现在，"道德"通常被理解为一种德性和德行，被视为一种符合伦理规范的品行。如果某种伦理规范说：你应该这样做。而你果然这样做了，就是有道德的，反之就是不道德的，即"缺德"，因而道德即伦理。但在先秦却不是这样。"道"意味着天道，"德"意味着有所得。人的"有所得"中最大的德便是一种符合适的生活。所以，由道而德，顺道而行，就是"天人合一"，人道与天道打通，人的生活道路获得了终极根据。

忌聪明过度

庄子认为：聪明的人很幸福，但聪明过度就会反受其害。

孔子是儒家的圣人，颜回是他的高徒，儒家和道家正是入世和出世、积极和淡泊的两大代表。可庄子这个诙谐的老头儿，在自己的作品中，常常让孔子和颜回出来说话，甚至成为庄子思想的代言：

一天，颜回向他的老师孔子报告说："我有点儿进步了。"孔子问他："为什么这么说呢？"颜回说："我已经忘了礼乐了。"孔子说："不错，可是还不够。"

过几天，颜回来见孔子，说："我又有进步了。"孔子问："为什么这么说呢？"颜回答："我已经忘了仁义了。"孔子说："不错，可是还不够。"

再过了几天见面，颜回报告说自又有了进步，孔子问："为什么这么说呢？"颜回说："我已达到'坐忘'的境界了。"

孔子神色为之一变，问："什么是'坐忘'？"颜回说：把身体看作不存在，把聪明才智抛弃掉，精神与大道合而为一，这就是"坐忘"。

孔子听后说：如果真是这样，那么他愿意步颜回的后尘，也要"坐忘"！

且不论孔子是否真的愿意洗脑换心，投靠道家。庄子在这里为我们提供了一个达到"坐忘"的途径，就是把聪明才智抛弃掉，除去心智，返璞归真，这样才能得到真正的幸福。

在庄子的思想中，形体是精神的寄托，形体随时闻而变化，但精神却可以超越时空。一旦形神相离，形体的所有牵挂与痛苦都会消逝，逍遥快乐就开始了。

聪明过度易失败!

印度有一位哲学家,气质高雅,是很多女人的偶像。某天,一个女子来拜访他,她表达了爱慕之情后说:"错过我,你将再也找不到比我更爱你的女人了!"

哲学家虽然也很中意她,但仍习惯性地回答说:"容我再考虑考虑!"

事后,哲学家用他一贯研究学问精神,将结婚和不结婚的好处与坏处,分条罗列下来,结果发现好坏均等,究竟该如何抉择?他陷入长期的苦恼之中。最后,他终于得出一个结论:人若在面临选择而无法取舍的时候,应该选择自己人尚未经历过的那一个。不结婚的状况他是清楚的,但结婚后会是个怎么样的情况,他还不知道。对!应该答应那个女人的请求。

哲学家来到女人的家中,问她的父亲:"你的女儿呢?请你告诉她,我考虑清楚了,我决定娶她为妻!"女人的父亲冷冷地回答:"你来晚了十年,我女儿现在已经是三个孩子的妈妈了!"

哲学家听了,整个人几乎崩溃,他万万没有想到,他向来引以傲的精明头脑,最后换来的竟然是一场悔恨。此后,哲学家抑郁成疾,临死前,他将自己所有的著作丢入火堆,只留下了一段对人生的批注:如果将人生一分为二,前半段的人生哲学是"不犹豫",后半段的人生哲学的"不后悔"。

人不可太聪明,更不可太精明。相反,做人应单纯些,做事深些,即处世浅些,悟世深些。对此,古罗马哲人塞内加一针见血地指出:"精明过头,乃智者大忌。"

人有智者和愚人之分。人还有深浅之分。有人以"深、浅"二字为尺,把人群也分作四种类型:一是做人清浅,做学问、做事业博大精深;二是做人很深,做学问、做事业肤浅;三是做人、做事业做学问皆深;四是做人、做事皆浅。第一类人最好,第二类人最糟,第三类人可畏、可怕。像《三国演义》中的诸葛亮、曹操,虽属聪明绝顶的人,但身在政治场中生出许多戒心。鲁迅评价诸葛亮事事洞明"近乎妖",曹操则被后人冠之以"一代奸雄"。第四类人可接近,这类人其实就是多数的普通人,虽然平凡,却没有心机、心术、心计。

在现实中,也有一些学问功夫深,做人也很有老道的人,他们学问心术兼备,极为世故,充满深不可测的谋略和策略。在这类人才中,当然有可敬的,但我宁可敬而远之。有一种很美的生命景观：凡是灵魂高贵的人，大都在世人眼里有点傻，像一个不谙世俗、永远长不大的稚童。比如王国维，就是一个阅世不深、做人清浅，但做学问精深，思想更精深的人。他没办法接受自己眼中混浊的"乱世"而投湖自杀。其实，撇开立场与是非，王国维的人格是最美的人格，把这种人格推向社会，便是做人浅、做事深。

为什么人不可太聪明？为什么聪明过度，是智者的大忌呢？

聪明过头损害心灵。那些有大智慧的天才作家，除了用头脑外，更多地投入了全身心去写作，因此创造了大境界。而精明的作家，仅用聪明的头脑写作，什么都算计好再动笔，灵感被算计所扑灭，还有什么心灵、精神创造呢？更别论有传世之作。那些不朽的大智慧文学，除了文字绝美之处，还有文字中的大关怀、大悲悯以及文字背后的大视野、大呼号。这又是聪明作家最缺少的东西，他们充其量只能成为"巧作家"而难成大气候。写作如此，做人做事亦然。

聪明过头，使人忘记了"大宁"（庄子语）。"大宁"即自然，即原始太初的精神之乡。塞内加所说的过度聪明乃智者大忌，与庄子的自然思想是相通的。庄子讲真正有大智慧的圣人、真人、至人等，都是一些知道"大宁"即大自然之理的人，而不是那些靠人为取巧的人。聪明过头，反倒忘记"大宁"的境界。

因此，人与文章不怕拙，怕的是弄巧成拙。自然之"拙"中常常有"大巧"在，也就是浑然天成的大智慧在。聪明过头所以是大忌，原因还在抛弃了人从母亲身上带来的那片"混沌"，即与生俱来的一片本真。

庄子在《应帝王》篇中讲人天性中的本真不可开凿，即便教育与知识的灌输，也要守望着原始宇宙赋予人的那点混沌状态，拒绝人间的圆滑世故，也拒绝聪明伶俐的侵蚀，从而守住善良、诚实、正直、单纯，始终拥有赤子之心和赤子情怀。而世故的人，当然聪明，可惜只有精明而无大智慧，失去了对人间的信赖，也失去了生命的热情。

戒骄破满

庄子说"天地有大美而不言",意思是说:人作为天地间一个小生灵自然要采取谦虚的态度。

骄傲是无知的别名,自满是智慧的尽头。夜郎人闭目塞听,自以为是天下最大的国家。其实,当时离它并不太远的汉朝,不知要大它多少倍!

祢衡初见曹操,把曹营中的谋臣、勇士贬得一文不值,却吹嘘自己无可比拟。曹操当然没有收留这个目空一切的狂徒。

谦虚的人,虚心而求实,深思熟虑而后发。诸葛亮本来躬耕于南阳,后受刘备三顾而出,运筹帷幄,辅佐刘备从无立身之地到有三分天下有其一。诸葛亮能成大业,是与他"一生唯谨慎"分不开的。

相反,骄傲自满是一口可怕的陷阱,使人不能自拔,以致招来失败的祸殃。那些满口大话、骄傲自满的人,像赵括、马谡都是因浅薄狂妄而丢命的。

骄傲的来源

骄傲也是很多人不能避免的缺点,骄傲的来源很多。有时骄傲源于个性,但大多数时候源于无知。因为不知"山外青山",很容易自以为是。一个国家可能也会骄傲,就像大清帝国的皇帝坚持要英国商人跪拜,可是没几年就被人家打败。

骄傲之人很少看到自己的弱点,也不认为自己会跌倒。他们以为自己高人一等,其实他自己才最容易被绊倒。

自满的后果

自满会使人遭受巨大的代价,甚至生命:

楚霸王相项羽以为贵族出身,英雄盖世,力拔山河,拥有雄兵百万,不把亭长出身的刘邦放在眼内。但刘邦善用张良、韩信、萧何等人,由弱转强。刘、项相争,结果是项羽惨败,自刎乌江。

明末农民起义领袖闯王李自成，率领大军攻陷北京，建立大顺王朝。但李自成及其手下大将骄傲自满，腐化堕落，争权夺利，很快就被吴三桂打败。

三国时期的曹操率兵百万，南下攻关，听了庞统的话，建成连环船，自以为得计，站在船上对酒当歌，踌躇满志，以为必胜无疑。结果，连中计谋，被蜀吴联军打败。

关羽镇守荆州，而他在大兵出征之时，掉以轻心，失掉荆州，结果被吴军所抓，兵败麦城，惨遭杀身之祸。

大智若愚

庄子推崇"大智若愚"的深蕴：所谓"大智"，相对某人某事为大智，而对另一人另一事也许就是"中智""小智"；在伟大的人类智慧面前，没有绝对的"大智"。"大智若愚"也就是提醒我们要谦虚、谨慎。

商朝末年，商纣王通宵喝酒而忘记了当时是什么日子，问左右的人，左右的人也都不知道，就派人去问箕子。箕子对自己的从人说："一国之君让周围的人都忘记了是什么日子，国家就很危险了。一国的人都不知道，只有我一个人知道，我也很危险了。"于是，他就对使者推说自己也喝醉了，记不清是什么日子了。最后箕子的性命得以保全。这是"大智若愚"，得以保全的最好例子。

值得注意的是，谦虚谨慎不等于自卑，而是实事求是、自尊、自爱、自信，这样才能保持清醒的头脑。谦虚还有一个前提——自然、真实。它绝对不应该与虚伪、狡诈、自卑为伍。"天不言自高，地不言自厚"说的就是这个道理。

小国寡民

"小国寡民"的思想是老子主张的，也是庄子极力推崇的。

"小国寡民"是老庄哲学在治国方略上的具体化，是本源的道的具体诠释。在老庄的治国思想里，国之大小与民之寡众都是相对的。"小国寡民"正表明老庄对"无为而治"的向往。

这个思想的大意是这样的：

> 有一个人口不多的小国，虽然拥有武器但始终都用不到，人民安居乐业、富足饱满，以致怕有危险而不愿迁居到远方。虽有舟船可用，但没人要搭乘；虽有盔甲武器等防卫的武器，却因为没有机会使用而不知道该放在哪里。该国人民仿佛回到古时候，以结绳的方法记载一下曾经发生的事情就够了，其他的用品及工具仿佛都是多余之物。人民对于自己已经拥有维生的食物、藉以保暖的衣物、安全的居住环境及生活的方式跟习惯，都感到满足。即使用肉眼就能看见邻近国家的活动情形，因为距离很近，大家养的鸡叫声也都互相听得到，但是两边的人民从出生到死亡之间，却因为没有必要及需求而互不往来。

老庄小国寡民模式的设想，颇多争议。老庄作为哲人，提出了二千年以后让人重视的问题，就是人口问题。小国寡民，就是以较少的人口组成国家，"小国"就是人口少的国家，与"寡民"意义相近。在人口少的国度里，人民不是被用来做奴隶，也不是被武装起来去打仗，而是过着安居乐业的生活。人口少，人均占有资源多，为经济的发展提供了十分有利的条件。人口少，管理起来比较方便，政令能够通达，实施改革措施容易见效，意见也较易集中。拿庄子的话说就是："不尚贤，使民不争；不贵难得之货，使民不盗。"人民素质提高，不必吹捧所谓贤能当典型偶像，使人争夺，沽名钓誉；社会物产丰富，人民自食其力，盗贼就不会横行。

关于如何实现小国寡民，老庄只考虑通过移民的方式达到对人口的控制。那时候地球人口还未饱和，人类也没有节育的技术。而那个时代，人口被统治者认为是财富。我国的移民是从中原地区向四周迁徙，特别是向南方迁徙，因为向南气候暖和；而向北气候越寒冷，自然条件恶劣，并且有强悍的少数民族。

学者的误解

老庄所描绘的社会，几乎被所有的学者都误认为是原始社会，所以对于道家的这一思想，人们几乎毫无例外地是持批判态度，因为他明显是在开历史倒车。

但是，老子所描写的社会并非原始社会，而是经过文明发展以后再对自然生活回归的社会，这一推测的原因如下：

原始社会的基本特征就是生产力极度落后，人们的文化水平非常低下。而老庄的"小国寡民"社会并不具备这些特征，因为在"小国寡民"的社会里，还有舟船、甲兵、文字等先进的东西，只是不去使用它们而已。

纯自然生活状态

老子所描绘的这个社会并非我们常说的原始社会，而是经过一定文明发展后再自觉地向自然生活回归。人类的初期阶段，没有车船、甲兵等什伯之器，也没有文字，后来人们发明创造了这些东西，人类把这些东西制造出来后，当然是为了使用它们。使用一个阶段之后，又发现使用这些东西给自己带不来多少幸福，反而添了不少麻烦，于是又自觉地把这些东西放置在一边不再使用，重新回到结绳而治的纯自然生活状态。

淡看名利

庄子认为：一个人，如果脚趾头长得连在了一起，或是手上长出了第六根手指，都是在正常人体上长出的多余的东西，是没有用的。人的生活也一样，除了基本的生存条件外，精美的饮食、华丽的衣饰，都是额外的物质追求。过度看重这些，人就会成为欲望的奴隶。

不为物役

古今中外的一切贤哲都主张过简朴的生活，以便不为物役，保持精神上的自由。孔子就曾说："不义而富且贵，富贵于我如浮云。"事实上，一个人为维持生存和健康所需要的物品并不多，超于此的便属奢侈品。物质的享乐对于人生来说，是最危险的东西。它没有牙齿，却可以吃掉你的理想；它没有双脚，却能带你走向歧途；它不是砒霜，却可以毒害你的情操、意志。享乐的生活犹如醋酸，能腐蚀灵魂的钙质，会使人坠入深渊。

生命有时候其实是寒冷的，我们既需要在坚持中取暖，更需要在淡然中温暖自己。我们应该坚持的是灵魂深处的呼喊，应该淡然的是功名利禄的驱使，在淡然中体会生命的美丽，在坚持中探寻生命的意义。淡然不是消极地对待人生，也不是听天由命的无奈。淡然，是在命运多舛的逆境时，笑对明天的达观；是在繁华如锦的对比中，知足常乐的欣然；是在功名利禄的诱惑前，过眼云烟的释怀，淡然的成就，来源于无数的风风雨雨的经历。

最珍贵的东西

怎样才能圆满呢？什么才是人生最值得珍贵的东西呢？

韩非子曾讲过这样一个故事：

> 宋国有个人得到了一块玉石，把它献给子罕。子罕不肯接受。献玉石的人说："我把它给雕琢玉器的工匠看过了，玉匠认为是一块宝玉，所以才把它献给你。"
>
> 子罕说："我把不贪财作为珍宝，你把玉石作为珍宝；如果把玉石给我，那么两人都失去了珍贵的东西，不如我们各人都固守自己珍贵的东西吧。"

同样是一个"宝"字，子罕与普通人有着不同的理解。其实我们每个人都有自己的价值标准，我们都可以把它视为自己的"宝贝"。这个"宝贝"带给你的是受人们钦佩还是被人们鄙视，关键在于你的选择。

玉石是宝贵的，比玉石更宝贵的是高洁的品质。在子罕看来，为官不贪，永葆清廉，这一精神上的"宝"，比起物质的"宝"来更为珍贵，更应珍惜，所以他能够抵制住美玉的诱惑。人之所欲不同，行事方式就会不同。"无欲则刚"，是少了一些对物质的贪恋，人就会刚直不阿，像子罕这样对高尚品质的追求，还是越多越好。子罕的"宝贝"观，也成为千百年来的美谈。

人只有不为外物所累才能保持心灵的安静、淡泊，但在物欲横流的时代，追求金钱、讲求致富似乎成了一种普遍的社会心理，过分强调返璞归真是不现实的。面对红尘的多姿、世界的多彩，人们往往怦然心动。名利皆人所欲，没有子罕那样的见识与情怀，又怎能不忧不惧、不喜不悲呢？否则也不会有那么多人穷尽一生追名逐利，更不会有那么多人失意落魄、心灰意冷了。

贪欲是祸

庄子说："鹪鹩巢于深林，不过一枝；偃鼠饮河，不过满腹。"意思是说：一只小小的鸟在广袤的森林里栖息，它筑巢也只须一根树枝；一条大河，一只小偃鼠跑去喝水，再怎么口渴，也就喝饱了它的小肚子就再也喝不进了。

少私寡欲

老庄提出了"见素抱朴，少私寡欲"的思想，指出为人要质朴，不要私心太重，欲望太多。人生在世很难做到无私无欲，但私欲不可过多、过高。贪欲是痛苦的根源。

有位作家这样解释痛苦的起因："想得到却得不到——痛苦，经过艰苦的努力得到了，却发现不过如此——痛苦，得到的东西不经意丢掉了，事后才知道原来很重要——痛苦。"只有私欲少和没有"贪欲"的人才能做到淡泊名利，处世豁达，性格开朗，才会有助于心神的清静内守，保持良好的心理状态。平时恬淡虚无，与世无争，自然会精神内守，阴阳平和，气血旺盛，邪无所容，百病不生。

知足

老子说："乐莫大于无忧，富莫大于知足。"

在人生的旅途中，每一个人都有自己的位置，所以应该对自己保有充分的满足感。鱼儿不必羡慕鸟儿能够在空中飞翔，鸟儿也不必羡慕鱼儿能够在水中遨游。仔细想一想，你就会发现有些东西是你拥有而别人不可能得到的，而有些东西则是别人拥有而你不可能得到的。

　　如果你总是去想自己拥有而别人无法得到的东西，你就会感到满足，感到快乐，感到幸福，心神自然清静；如果你总是去想别人拥有而你无法得到的东西，你就会感到失望，感到沮丧，感到不幸，心神就会感觉不安。一个人如果无忧无愁，就会有一个好心情，人生自然充满阳光和欢乐。满足现状，积极进取，也是神志养生的重要信条。

　　物质无穷，而人所能享有的却十分有限。但我们却背负着不断追求名利的包袱，不停地为自己描绘着自以为快乐却并不快乐的蓝图。这样为了身外的利益而失去生命和生命中其他重要的东西，不是太不值得了吗？人生的乐趣并非来自名利，而来自用单纯、坦然、无私的心来看世界的热忱。人的天性总是希望有所得，以为拥有的东西越多，自己就会越快乐。可是，我们在生活中之所以每每郁郁寡欢，正是由于占有之心太重。只有那些不将眼睛盯在物质拥有上的人，才可能集中力量去追求心灵上可贵的东西。

贪欲

　　贪欲，人的贪心、贪婪的欲望。贪欲之心，人皆有之，是人性中“恶”的一面。

　　贪欲造成的后果，轻则为社会公德所谴责，重则为法律所不容。常思贪欲之害，为私能洁身自好，受人尊重，惠及四邻；为公能问心无愧，公正执法。所以，常思贪欲之害，能修身齐家利工作，平心静气度终生！

　　贪乃人之本性，人人都有贪欲，只是有人可以克制住贪欲，知足常乐，而有人却贪得无厌，不会感到丝毫知足！

　　在 A 城，一个腰缠万贯的亿万富翁只因为他的股票下跌了一个百分点，然后孤注一掷，将全家财产用来买股票，结果输的一贫如洗。当他一无所有时，一下子投河自尽了！而他曾经仅仅用了 1 万元，买了一份股票，转眼间就变成了亿万富翁，可他还不满足，继续买股票。终于有一天，他输了，股票下跌了一个百分点，他本可以收手不干，可他却不甘心，结果反赔上了自己的性命！可以说，是贪欲害了他，他也为自己的贪欲付出了代价！

　　同样在 A 城，一对买烧饼的夫妇因为刚买完烧饼，数了数钱，发现比平常多卖了 2 元人民币，就高兴得合不拢嘴！他们有这 2 元钱，多买了一些烧饼的原料。就这样，过了几年，他们成了 A 城的烧饼大王，成了百万富翁！可是，他们将一些钱捐给慈善组织，仍然卖着烧饼。尽管他们已经拥有了全国几百家连锁店，可是他们还是喜欢自己在街上买烧饼，价钱仍然是 5 角钱一个烧饼，丝毫不多卖一分钱。他们对着夕阳微微笑着，他们活着已经有意义了！

有的人什么都不缺，但是他却不快乐；有的人什么都不比别人好，但他却活得高兴。原因就在于有没有对人生的坦然和对现实的满足。同样的半杯水，乐观豁达的人说：很好，还有半杯水；悲观愁苦的人说：惨了，只剩下半杯水了。一样都是平常的生活，知足的人觉得像是生活在仙境，不知足的人却感觉那是人间地狱。幸福其实来自于知道"适可而止"的智慧，贪欲只能使人觉得眼前的一切都不如意。

世间万象，人生百态，各有一方天地，活得坦然，便是成功。远离金钱、美女、权力、地位，逃脱现实，没有必要，况且这些东西原本并不属于邪恶。但是应该量力而行，随遇而安。即便是达到财富、权力的顶峰，又能怎么样呢？到头来还不是"是非成败转头空，青山依旧在，几度夕阳红"。所以，称心如意时不要洋洋自得，忘乎所以；遭受挫折时不要悲观失望，怨天尤人。大可不必为了得到赞扬或避免非议，刻意八面玲珑。管他丰碑小草，高山低谷，只要用心地挥洒，真诚地惜爱，那么，内心的欢喜，就会一点一滴地丰满着你生活。

轻松生活

《庄子》一书中讲了一个"蜗角之争"的故事：

魏惠王和齐威王订立过盟约，齐威王背弃了盟约。魏惠王恼怒了，将要派人去刺杀齐威王。

将军公孙衍听说这件事情，感到可耻，就对魏惠王说："君王是一个大国之君，可是派一个平民去报仇。我愿意受领大军二十万，为君王去讨伐齐国，俘虏它的人民，牵走它的牛马，使它国王的内热从背部发泄出来，然后倾覆了他的国家，将大将田忌赶走，然后再打伤他的背部，折断他的脊骨。"

魏臣子季子听到公孙衍这番话，感到可耻，就对魏惠王说："譬如筑十丈高的城墙，已经筑好了七丈，可是又把它毁坏，这是劳役们最痛苦的事情。现在已经有七年不打仗了，这是我们国家兴旺的基础。公孙衍是个昏乱的人，他的话是听不得的。"

贤士华子听到公孙衍和季子的两番话，觉得都浅薄，就对魏惠王说："花言巧语地说讨伐齐国的，是昏乱的人；花言巧语地说不要讨伐齐国的，也是昏乱的人；花言巧语地说讨伐和不要讨伐都是昏乱的人，也是昏乱的人。"魏惠王说："那么，怎么办呢？"华子说："君王只要追求'道'就行了。"

惠施听说这件事，恐怕魏惠王不能领悟，就在魏惠王面前推荐了戴晋人。戴晋人对魏惠王说："有一种叫做蜗牛的东西，君王知道吗？"魏惠王说："知道。"戴晋人说："有在蜗牛的左触角上建立国家的，名字叫做角氏；有在蜗牛的右触角上建立国家的，名字叫做蛮氏。两国经常因为争夺土地而掀起战争，死在战场的尸首就有几万具，他们追赶败兵，十五天才能够返回来。"魏惠王说："哈！这大概是谎话吧？"戴晋人说"我愿意为君王证实这件事情。依君王的意思说，在天地四方上下之中，有没有穷尽呢？"魏惠王说："没有穷尽。"

戴晋人又说："如果把心神遨游无尽的境域之中，再返还到四通八达的各国之间，就感到似有似无的一样，君王知道这个道理吗？"魏惠王说："知道。"戴晋人说："四通八达的各国之间有个魏国，魏国之中又有个梁邑，梁邑之中有个君王。这个君王和蛮氏相比，有没有分别呢？"魏惠王说："没有分别。"

戴晋人走后，魏王就不知所措地如同丢了什么东西似的。

战争的渺小

蜗牛很小，蜗牛角更是小得可怜，想不到小小的蜗牛角上还会有两个国家。它们为了争夺地盘而发生战争，双方死了几万战士，胜利者追赶失败者数日，随后收兵回师。

请不要以为这是天方夜谭,庄子站在广阔无垠的宇宙空间俯瞰地球,那么,他看到的人类国家、民族之间的战争,不就像蜗角之争一般渺小吗?蜗角之争是可笑的,而跳出俗世的纷扰,去观看人的一切争斗不也是"一微尘里斗英雄"吗?这蜗角之争,可谓是战国时期平民百姓的血泪告白。无端的战火使老百姓生活在痛苦之中。

庄子是站在一个大的时空立场,来讽刺战争的毫无意义。庄子的讽刺艺术在这里表现得淋漓尽致,他把大化小,把小化大,在这种大、小之间的戏剧性对比反差中,强化了讽刺的意味。国家是大的,庄子故事中的国家却小到建立在蜗牛角上。蜗牛角上的国家为了争夺土地而血战,这让我们清楚了所争之小。庄子以寥寥几笔,写出了战争的激烈、残酷——"伏尸数万"。为了蜗角中的土地争夺得如此惨烈,难道不让我们警醒吗?

当今社会,生活节奏快、生存压力大,正如庄子所说:终生承受役使却看不到成功,一辈子困顿疲劳却不知道自己的归宿,这不是很悲哀吗?在人生旅途中,应该不断地提升自己的境界,拓展自己的胸怀。可是我们常常做不到,忘了名利不过是蜗牛角上的争斗,甚至于食不甘味,寝不安宁,在得失的计算中,在身心放纵的麻木中,失去了许多聆听自然天籁的机会。在现实生活中,面对生活的超重,应该重新面对自己,站在生活之外看生活,认识到人类的渺小、淡定、从容,使自己面对繁杂的生活游刃有余。

禁不住表扬的马夫

《庄子》一书中讲了一个叫东野稷的马夫驾车的故事:

东野稷十分擅长驾马车。他凭着自己一身驾车的本领去求见鲁庄公。鲁庄公接见了他,并叫他驾车表演。只见东野稷驾着马车,前后左右,进退自如,十分熟练。他驾车时,无论是进还是退,车轮的痕迹都像木匠画的墨线那样直;无论是向左还是向右旋转打圈,车辙都像木匠用圆规划的圈那么圆。鲁庄公大开眼界。他满意地称赞说:"你驾车的技巧的确高超。看来,没有谁比得上你了。"说罢，鲁庄公兴致未了地叫东野稷兜了一百个圈子再返回原地。

一个叫颜阖的人看到东野稷这样不顾一切地驾车用马，于是对鲁庄公说："我看，东野稷的马车很快就会翻的。"鲁庄公听了很不高兴。他没有理睬站在一旁的颜阖，心里想着东野稷会创造驾车兜圈的纪录。但没过一会儿，东野稷的马果然累垮了，它一失前蹄，弄了个人仰马翻，东野稷因此扫兴而归，见了庄公很是难堪。

鲁庄公不解地问颜阖说："你是怎么知道东野稷的马要累垮的呢?"颜阖回答说："马再好，它的力气也总有个限度。我看东野稷驾的那匹马力气已经耗尽，可是他还要让马拼命地跑。像这样蛮干，马不累垮才怪呢。"听了颜阖的话，鲁庄公也无话可说。

明代的王阳明曾用金子比喻人格，金子的纯度越高，人格的品位就越高。每个人都有几分金子，能否提高金子的纯度，在很大程度上取决于能否清醒认识自己，保持自己的本色。我们常常不惧怕生活的磨难，却往往因表扬和认同而忘记了心灵的恬适，不断地拼命再拼命。领导表扬了、朋友羡慕了、同事嫉妒了，我们常常就会迷失，忘了自己的限度，难免会像东野稷那样落得一身尴尬。

世间万物，其能力总有一个限度。如果我们不认真把握这个限度，只是一味蛮干或瞎指挥，到时候只会弄巧成拙或碰钉子。例如现在的父母教育孩子，表扬尽量具体。

无功不受禄

《庄子·让王》写了这样一个故事：

列子生活贫困，面容常有饥色。有人对郑国的上卿子阳说起这件事："列御寇，是一位有道的人，居住在你治理的国家却是如此贫困，你恐怕不喜欢贤达的士人吧?"子阳立即派官吏送给列子米粟。列子见到派来的官吏，再三辞谢不接受子阳的赐予。

官吏离去后,列子进到屋里,列子的妻子埋怨他并且拍着胸脯伤心地说:"我听说作为有道的人的妻子儿女,都能够享尽逸乐,可是如今我们却面有饥色。郑相子阳瞧得起先生方才会把食物赠送给先生,可是先生却拒不接受,这难道不是命里注定要忍饥挨饿吗!"列子笑着对他说:"郑相子阳并不是亲自了解了我。他因为别人的谈论而派人赠与我米粟,等到他想加罪于我时必定仍会凭借别人的谈论,这就是我不愿接他赠与的原因。"后来,百姓果真发难而杀死了子阳。

"无功不受禄"是一种人格。财物的用处,第一,应该是给我们带来精神上更多的自由,第二,应该是帮我们做到更多有益的事。

第七章　庄子的平常心

"平常心是道"，最早是马祖道一提出来的。

平常心，是指眼前之境就是真心的显现，当下就是真理，不需要到遥远的地方追寻。

何谓平常心？如果按照中国古文化的轨迹去追寻，并上升至儒道文化的层次上解释，便有些玄奥。其实，所谓平常心，不过是我们在日常生活中处理周围事情的一种心态。平常心应该是一种"常态"，是有一定修养后方可具有的，它属于一种维系终身的"处世哲学"。如孟子所说的："仁是人的心，义是人的路。"

平常心是我们在日常生活中经常会出现的对于周围所发生的事情的一种心态。平常心是"无为、无争、不贪、知足"等等观念的汇合而成。作为一种处世态度，淡薄之心，忍辱之心或仁爱之心等等。

任何一个人都可具备平常心。平常心应该是一种"常态"，是具备一定修养才可经常持有的，因为它属于一种维系终身的"处世哲学"。

庄子的平常心，并不是指人因该事事都以"平常"对待，而是以自己独特的性格，铸造自己独特的"平常"心态。庄子的"平常"是一个大的范围命题，不是仅仅限于一种方式、一种人生而制定的。实际上，人生就像一次旅行，如果我们遇到了高山或者大河，真正找一条属于自己的路，放低平常心才能获得人生的成功。

人不能脱离现实而存在，纯粹地杜绝欲望的人也是不存在的，关键在于，是否能够时时自省，不丧失自我的真性，追求真而自然的品格。诚如书中所言："保持自我的真性，不陷于贪欲和争斗，对于一个悟得平常心的人来说，即是正确而明智的抉择。"平常心说起来容易，做起来很难，贵在守恒。

真正领悟平常心的意义，并以此为人生准则，从中获取无限的欢乐与满足，做一个永远幸福的人，既需要有崇高的精神境界，又要有睿智的理性思考。如此说来，平常心的内涵博大精深，看似平常的"平常心"，其实并不平常。

善看逆境

人生路上，困难是块石头。人在成长的过程中必定有快乐和悲伤的时候，快乐时间过得很快，而悲伤的时间就很长。往往在悲伤的时间里，是让你领悟一些道理的时候。人生中大部分的道理都是从悲伤而来，人们总会遇到种种困难，有的人天生丑陋，有的人身有残疾。

善于讲寓言的庄子，借用了一个个或身有残疾，或外表丑陋的怪人，来表达了自己的一个观点，那就是：无论人生遇到什么情况，世界上总有路可走。

在《庄子》的寓言中，有很多形态与常人不同的人，比如残疾人，受过刑的人。从表面上看，他们身体条件都与常人不同，但是这些人或者有抱负，或者有理想，或者活得很快乐，或者活得很成功，堪称奇人异士。

庄子在《人间世》篇中写过一个叫支离疏的人。这个支离疏老先生的脸隐藏在肚脐下，肩膀比自己的头颅还要高，背后的发髻笔直朝天，五官则长在头顶上，两边的大腿骨和肋骨相互夹并在一起。

经过庄子这样一番形容，这个支离疏不仅是丑陋了，而且近乎于狰狞，像个怪物一样。

而他以什么为生呢？只是替人家缝缝补补、洗洗涮涮，却足以养活自己了；倘若还替人家簸簸米、筛筛糠，那收入就可以养活十口之家。国家征兵，支离疏掉臂游于大街小巷，无人睬他；政府兴徭征役，支离疏因为身有残疾而不必应征；但每当国王大发慈悲，放赈救济贫病老弱之时，支离疏却可以得到三钟米和十束薪的赏赐。最后庄子得出一个结论：像支离疏这样肢体不全的人，他只要自食其力，一样可以养活自己，安享天年。

由支离疏的故事，很容易让人想起了武侠小说家温瑞安写的《四大名捕》系列，熟悉武侠小说的人都会知道，四大名捕之首就是无情。

无情出身于一个武林世家，由于他的父母在江湖上结下了冤仇，被仇家屠灭了全家。他的父母都死了，仇家心狠手辣，抓到这个小婴儿，决定让他活下来，但作为一个武林后人，从小就废掉他的武功，让他生不如死，不能为父母复仇。所以，仇家残忍地把这个孩子的脚筋挑断了。无情还没有学会走路，就先瘫痪了。

无情长大以后，是一副手无缚鸡之力，孱弱不堪的书生模样，是个残疾人。但在四大名捕里面，无情为首，他具有超凡的武功和内力。无情的独家绝活是什么？是他在微笑的时候，可以从嘴里猛喷出来一口钢针，足以致敌人于死地。虽然他有先天肢体的残疾，但是他却有了无人可比的精湛内功。

人生如路，看似无边实则有际。有些人抱怨人生路上困难多，世界不公平，天天紧锁眉头，怨天尤人。在他们心中那里有真情？其实不然，首先，几乎没有能完全脱离真情而生活下来，即便鲁滨逊流落荒岛，也不是天天怀着虔诚的心，祷告上帝吗？其次，他们没有体会到真情，真情这个东西，无色无臭，但却正如空气一般：有了他存在，并不觉得如何，一旦失去它，就生存不下去了。最重要在给予，才有收获。人生路上，每个坎坷，都只是一个小插曲，我们又何必一叶障目？只看到小石子，却看不到伴随一生的真情呢？

有人问霍金：是否认为命运对他不公？霍金的回答中有一句是：我还有真情，真情可以战胜一切苦难，当我们能有霍金的态度面对人生也就不枉在世间走一遭。

正确的爱

《庄子》中讲了一个关于养马人的故事：

从前有一个人很爱很爱马，他伺候马无微不至，他用竹篓给马装马粪，用巨大的海蛤给马装马尿，有一天他看见有一只大蚊子在马的屁股上，于是他就走过去把蚊子拍死了，可是马受了惊吓，一下子把爱马的人踢死了。

这样的故事很容易让人联想到现在的父母对孩子的教导。母爱是无比真诚的，是伟大的。然而，须知母爱是一种情感，也是一门艺术。既然如此，母亲对子女施爱、施教，要有必要的知识准备，要有认真的思考，而且要较为深入地了解孩子的心理状况，弄清孩子的兴趣和爱好是什么，喜欢什么，需要什么。这样，才不至于像给骆驼喂肉那样给孩子提供他不需要、不相干的知识和物品。

家长对子女进行教育和培养，要因人而异，因材施教。要做到这一点，就要注意发现、保护并激发、培养孩子的兴趣和爱好。对孩子来说，兴趣是他们学习的根本动力。这是由他们的年龄小、实践少、认知能力和理解问题能力有限等条件而决定的。孩子有了兴趣，学习才会全身心地投入，才能显效并最后取得成功。孩子没有兴趣的东西，家长逼迫他们去学，即使无可奈何地去学，结果也不会有多大收获。

西晋著名文学家左思的实践从正反两个方面说明了这个问题。

"望子成龙，望女成凤"是所有父母对孩子的期望，这样的心理使如今许多父母在孩子很小的时候就给孩子报名参加各种各样的兴趣班、补习班，弹琴、跳舞、画画、英文……一个都不能少，生怕自己的孩子比别的孩子落后了，他们没有更多地考虑到孩子的兴趣爱好和能力，而是一味地将自己未圆的梦或一家人的期望全盘托付到孩子身上，希望孩子能按自己心中规划的理想蓝图发展。而这样做的最终结果，往往与父母一厢情愿的预料相反，有时有些不切实际的过高期望反而给孩子造成了许多压力，出现许多心理问题。其实对于孩子的未来，应让孩子自己构筑，父母充当从旁指导的角色也就足够了。

现在，我们正处于社会转型的特殊时期，人们对自身利益和价值的追求也达到了一个前所未有的高度。激烈的社会竞争让家长们不得不把孩子提前置于巨大的社会压力之下，具体体现到日常的教育方面就是：你读好书，考名牌大学就使自己比别人有了更多的竞争资本；就比别人有更好的工作环境。只有这样（注意，是只有这样），你才能得到别人的尊重。反之则会让人瞧不起。不考虑孩子自身的兴趣、特长，而只是一味地按照自己的意愿为孩子"制造未来"，其结果不仅仅是使孩子的创造力受到限制，把他们的才能扼杀于摇篮之中，还将使孩子缺乏对社会的责任感和对他人的关爱。缺少了这些意识，即使孩子成绩好，也很可能在社会的竞争中处于不利地位。反观很多发达国家，他们从小教育孩子的是怎样做能适应各种环境和社会的社会人。在这样两种思维之下教育出来的孩子，谁能更好地适应社会、适应竞争，应该是显而易见的吧。

相濡以沫

"相濡以沫"典出《庄子》，长久以来被当作了美好爱情的代名词，成为逆境中相互扶助的情感代言。现在，相濡以沫是一个褒义词，往往用于称赞夫妻感情的长久和默契：

> 有一天，庄子路过一条干涸的小河，看到河滩上有两条鱼，正互相用口水来湿润对方。庄子问他们为什么要这么做，鱼儿说："河水干了，我们只能用唾液保持彼此身体的湿润。"

中国的古人，重恩情、轻爱情，爱情被生存被温饱被感恩被道德被伦理替代了，"贫贱夫妻百事哀""糟糠之妻不下堂"，这些古训的背后，让我们看到了一幅幅忧伤的爱情画面。如用庄子的话来解释爱情的话，最美的爱情，应如鱼儿相忘于江湖，两个人尽情尽性地相爱，而不是生活重压下的无奈并肩和道德束缚下的不得已携手。庄子在这里为我们畅想了更高境界的爱情。

"相濡以沫"的原意

庄子是有大智慧的人，他告诉我们，正常而平凡的感情才是人类真正需要的。但不知道从什么时候起，庄子的这句话就被误解了，并以讹传讹几千年。人们却很少关注它后面的另外半句话，从而对庄子的本意有所误会。"相濡以沫"对于鱼，其实是一个极端而可怕的状态。"相忘于江湖"显然不如"相濡以沫"煽情，但这是鱼的正常生活状态，即使由于河水干了，迫不得已要"相濡以沫"，也是为了保存体力，期待着能有"相忘于江湖"的机会。

按照庄子的思路，如果能活下去，情愿不要这样的相守。可是，那活下去的两条鱼，在各自的生活中，是不是还会偶尔念及另一条鱼的好？是不是还会时常回忆那充满了鼓励和希望的河滩？忘记的如果全都是苦难也倒罢了，只怕还有更多值得回味的东西，想忘记也忘不掉。即便活了，在那漫长的岁月中，还能像从前一样快乐吗？能够忘记的鱼，或许是最快乐的，但如果其中一条鱼不能忘记呢？不知庄子怎样考虑这个问题？庄子没说，我们也无从知道。

这就是"相濡以沫"的原意。这样的情景也许令人很感动，但是这样的生存环境并不是正常的，甚至是无奈的。鱼难道想这样吗？鱼不想这样。现在流行养鱼，有美丽的鱼缸造景，还有很完善的换气、清洁设备；但是假如我们是鱼，还是宁愿在江湖里自由自在地悠游，而不愿被拘束在鱼缸里。"相濡以沫"是凄凉时的幸福啊！红颜弹指老，刹那芳华，与其天涯思君，不如相忘于江湖。

执子之手

牵手，意味着爱的成熟，爱的丰厚。牵手，与其说是一种行动，不如说是一种姿态。《诗经》中有这样闪光的句子："死生契阔，与子相悦。执子之手，与子偕老。"

宋赵匡胤杯酒释兵权告诉我们，皇帝和功臣可共患难而不可共享乐也，如果用到夫妻身上，当他和她在患难中相识，在逆境中成长，在苦痛中勉励，他们由相识到进入婚姻的殿堂。

千百年来，平凡和卑微的人类就这样走了过来，牵着手，涉过一条条的不归河。婚姻是风雨中拉紧对方的手，逆境中相互扶持，相互依靠。潮落了挽着对方的手，朝着你的手指引的方向，听海，看夕阳。风风雨雨一路走，一路相伴，路到尽头，夫妻相对，回报对方怆然而温暖的一笑：是两个生命的一个整合体。

也许当我们经历了苦痛，消耗了青春，重新认识了自我，我们才能够真正体会什么是真正的爱情！

不拘私情

庄子和惠施曾经有这样的一段对话：

惠施问庄子："人是无情的吗？"

庄子却说："人是无情的。"

惠施问庄子："人若无情怎么能称做人呢？"

庄子说："天给了人容貌，给了人形体，怎么不能称为人呢？"

惠施又问："人称为人怎么能没有情呢？"

庄子笑了笑，答："我所说的无情是不损害自己的本性，顺任感情的自然需要而为。人为的感情，有所爱，便有所不爱。自然的情，无爱无不爱，所以能普及，也能永恒。"

如果没有惠施的这一连串追问，庄子的深意可能我们就无从知晓了。

庄子所极力主张和推崇的是：人可以有感官的欲求，但却不应该因为这些好恶之情而使自己的身心受到挫损和伤害。人可以有情，但如果一味地被"私情"所拘泥或局限，就不能获得"逍遥"之乐。

"生之所知，其情之所知哉。"意思是说：我们生来的时候，那一点灵知之性：知"道"。这一点人所知的东西，不是"情之所知"。

这就是中国文化里的两个东西，在《礼记》中，始终把人分为两部分来研究：性与情。人有思想有知觉，这不是感情，这是性，本性，灵知之性；喜怒哀乐悲欢爱恨，这是情。性是能知一切的，在它上面并没有喜怒哀乐悲欢爱恨。所以，性和情要分开。《庄子》中不用这个"性"，是因为人的性。庄子说："其情之所知哉"。

所谓得道的圣贤，根本就是个无情的人，要做到无情才能成为圣贤吗？庄子说："岂直贤圣绝远，而离旷难慕哉。"从这句话，我们就可以了解，真正的圣贤很难做到无情，圣贤是大慈大悲的情，没有世俗的小情。

"无情"并不是对生活漠不关心，而恰恰是一种人类间的"大爱"。现代人常常失意、彷徨，觉得天下我最孤独，无人怜爱，却忘了爱不是封闭的，而是开放的；不是高傲的，而是朴实的。试着把爱意融入生活的点点滴滴：常对你身边的亲人、朋友微笑，你的快乐会让他们备感温馨；乘车时给老者让座，你的善良会让他心头一暖；送花给相伴多年的妻，你的深情会让她觉得生活更幸福。

当然，我们承受着生活的重压，常常有不顺心的时候，心里难免生出怒气与怨恨，假若任凭这些情绪到处流泻渲染，无疑会使眼里的世界变得灰暗。正因为每个人的生活都不容易，这世界才需要我们投入更多的关爱与微笑。

"无情"更不是不珍重情感或泛爱，而是让我们怀着一颗平常心，去把握住今天的爱。《说苑·正谏》里记录了这样一个小故事：

> 在采摘桑叶的时节，一个男子和他的妻子一起去田间。桑树林中有一个采桑的女子，貌若春花，行动如清风，他一见倾心，立即就去追逐，但却遭到了拒绝。等他回到家的时候，他的妻子生气地离开他走了。这个男人成了一个没有妻子的人。

这个故事告诉我们，要珍惜眼前的人，过多的欲求有时反而会使自己失去原本拥有的东西。熟悉的地方没有风景，人总是忽视已经的拥有，而被那些陌生的不属于自己的东西所诱惑，一旦失去曾经拥有的东西，又追悔莫及。就像寓言中的男人一样，本来身边有相守的妻子，还去追逐采桑女，结果采桑女没追到，妻子也离他而去了。

自然之美

庄子说：一个美女在幼小时并不知道自己是美女，于是一切姿态自然美好；等她长大了，从别人的目光中读懂了爱慕、欣赏，就开始忸怩作态，自然的美也就从她身上消失了。

按照庄子的观点，你展示了最真实的你自己，你就是美的。但人们常常认不清这一点，总是去羡慕、模仿他人，却忽视了自己的独到之美。

戒刻意模仿

《世说新语》中说了这样一个故事：

> 晋代的诗人潘安容貌非凡，风神俊朗，气度潇洒。他年轻的时候，有一次穿着猎装，携带着打猎的弹弓，驾车经过洛阳的街道，女人们见了，都争相围观。那时的洛阳有个习俗，女人如果喜欢一个男人，就往他身上扔水果。洛阳的女子都争先恐后地往潘安车上扔水果，不一会儿，车就装满了。当时与潘安文采齐名，写了《三都赋》使洛阳纸贵的左思，长得丑陋绝伦，世上少有。他听说了这事，以为洛阳的女子就是麻辣热情爱才子，也仿效潘安的样子出去游猎，结果被一群老太太围住了，朝他吐唾沫，弄得他狼狈不堪，落荒而逃。

庄子推崇自然之美，自然、朴素的事物在庄子眼里最有生命力。他认为一切天然的就是美的，一切人为的都是不美的。

最高层次的美

庄子认为，自然而然是最高层次的美，这看似玄虚，实际上恰好从最根本的意义上朴素而深刻地抓住了美之为美的根本特征。他从自然中得到启示，认为人类的生活只要像"天地"那样实行自然无为的原则，就可以无拘无束，达到最大的自由，获得最高的美。

爱美之心，人皆有之。两千多年前孔子就曾感叹："吾未见好德如好色者也！"庄子的笔下却有这样一个爱丑妾的男人：

> 阳子到宋国去，住在一个旅店里。店主有两个妾，一个漂亮，一个丑陋。

阳子发现那相貌丑的反而得到喜爱和尊重，那长得漂亮的却被轻视。

阳子觉得有些奇怪，就问店主："你为什么喜欢长得丑的却不喜欢长得美的呢？"

店主回答："那个美的自以为美，我不觉得她美；那个丑的自以为丑，我却不觉得她丑。"

女人生得美了，便容易引出偏见。这偏见来自外界，也来自于自身。世间美丑的标准本来就没有定论，以心换心却是人与人相处的法则。相处久了，故作姿态、以美为傲的人必然会被厌恶；而为人谦和，与人为善，就会处处受欢迎。

庄子的书中描写了大量相貌丑陋甚至身体残疾的人，他们非但没有遭到他人的冷眼，反而得到了许多健全英俊之士都未曾得到的尊宠和礼遇。

历史上的王侯将相，多是三妻四妾，然而，却有一个例外——聪明非凡、相貌俊伟的诸葛亮一生只娶了一个女人，并一生爱慕她、忠贞于她。成都的武侯祠里有一组古代木版画，展示了传说中的诸葛亮的婚姻：诸葛亮的忘年之交黄承彦很欣赏诸葛亮的人品、学识。一天，他告诉诸葛亮，自己的女儿黄月英，长得虽丑，不过才干倒与他般配。这黄月肚子肥大，黄头发，黑皮肤，皮肤上还起了一些鸡皮疙瘩，让人瞧见身上就发凉发麻。以诸葛亮的条件，必然是名门世家选择乘龙快婿的理想对象，谁也没有料到他却找了个丑女结婚。

惠施之死

惠施病逝了。庄子非常悲痛。有一天，庄子路过惠施的墓地，伤感之情油然而生。身边的人以前总看到庄子和惠施吵架，所以对庄子的悲痛有些不理解。庄子就给他们讲了一个故事：

从前有一个泥水匠和一个木匠是好朋友。他们俩一项绝活，那就是泥水匠要是不小心把一点儿石灰溅到鼻子上，抹不掉的话，木匠就用斧子将鼻尖上的白灰削下来。周围的人都想，鼻尖上的白灰那么薄，这一削不把泥水匠的鼻子削下来或脑袋凿开花才怪呐。可是，只见木匠果断地抡起斧头，一阵风似的挥过去。众人都吓得出了一身冷汗，而泥水匠却从容地站在那里，面不改色，心不跳。只一眨眼的工夫，泥水匠鼻尖上的白灰就不见了，鼻子却没有受到丝毫损伤。众人不禁啧啧称奇！

后来，这件事传到了宋元君的耳朵里，有一天，他派人把这名木匠找来，说："听说你用斧子的准头特别好，能砍掉别人鼻尖上的白灰，我不信！我在鼻子上滴一点儿白灰，你砍给我看。"

木匠摇头说："我以前确实能用斧头削去朋友鼻尖儿上的白灰。可那是因为我朋友和我配合默契我才可以做到的。现在，我的这位朋友已经不在人世了，所以我再也不能表演这项绝活了。"

我们赞叹木匠的高超技艺，同样也佩服泥水匠的镇定。这镇定来自于对木匠的信任。正是这种相互的欣赏，成就了两个人的不凡。这样，我们也就不难体会庄子为什么说"我再也没有人对话了"！当庄子经过惠施墓的时候，想到曾经一同出游、相与辩论的老朋友和自己阴阳两隔，凄凉、感慨、思念，各种感觉齐来，但他只讲了这个淡淡的故事。

真正的朋友

朋友就像是镜子，可以正衣冠，可以知得失。但镜子也有不同，有的镜子大，可以照全身；有的镜子小，只能看眉眼；更有些哈哈镜，会扭曲我们的形貌。大镜子可以令我们了解整体搭配是否合适，小镜子则方便我们随时检点，至于哈哈镜，除了逗人一笑就毫无用处了。

人的一生中会有很多朋友，但真正能与你精神相通的却是凤毛麟角。庄子笔下，有这样几个心心相印的朋友：

一天，子祀、子舆、子犁、子来四个人在一块儿闲聊，说："谁能够通晓生死存亡浑然一体的道理，我们就可以跟他交朋友。"四个人会心地相视而笑，心心相印，无须多言，就成了精神相通的朋友。

俞伯牙和钟子期的故事同样感人肺腑：

俞伯牙从小就酷爱音乐，他的老师成连曾带着他到东海的蓬莱山，领略大自然的壮美神奇，使他从中悟出了音乐的真谛。他弹起琴来，琴声优美动听，犹如高山流水一般。虽然，有许多人赞美他的琴艺，但他却认为一直没有遇到真正能听懂他琴声的人。他一直在寻觅自己的知音。

有一年，俞伯牙奉晋王之命出使楚国。八月十五那天，他乘船来到了汉阳江口。遇风浪，停泊在一座小山下。晚上，风浪渐渐平息了下来，云开月出，景色十分迷人。望着空中的一轮明月，俞伯牙琴兴大发，拿出随身带来的琴，专心致志地弹了起来。他弹了一曲又一曲，正当他完全沉醉在优美的琴声之中的时候，猛然看到一个人在岸边一动不动地站着。俞伯牙吃了一惊，手下用力，"啪"的一声，琴弦被拨断了一根。俞伯牙正在猜测岸边的人为何而来，就听到那个人大声地对他说："先生，您不要疑心，我是个打柴的，回家晚了，走到这里听到您在弹琴，觉得琴声绝妙，不由得站在这里听了起来。"

俞伯牙借着月光仔细一看，那个人身旁放着一担干柴，果然是个打柴的人。俞伯牙心想：一个打柴的樵夫，怎么会听懂我的琴呢？于是他就问："你既然懂得琴声，那就请你说说看，我弹的是一首什么曲子？"

听了俞伯牙的问话，那打柴的人笑着回答："先生，您刚才弹的是孔子赞叹弟子颜回的曲谱，只可惜，您弹到第四句的时候，琴弦断了。"

打柴人的回答一点不错，俞伯牙不禁大喜，忙邀请他上船来细谈。那打柴人看到俞伯牙弹的琴，便说："这是瑶琴，相传是伏羲氏造的。"接着他又把这瑶琴的来历说了出来。听了打柴人的这番讲述，俞伯牙心中不由得暗暗佩服。接着俞伯牙又为打柴人弹了几曲，请他辨识其中之意。当他弹奏的琴声雄壮高亢的时候，打柴人说："这琴声，表达了高山的雄伟气势。"当琴声变得清新流畅时，打柴人说："这后弹的琴声，表达的是无尽的流水。"

俞伯牙听了不禁惊喜万分，自己用琴声表达的心意，过去没人能听得懂，而眼前的这个樵夫，竟然听得明明白白。没想到，在这野岭之下，竟遇到自己久久寻觅不到的知音，于是他问明打柴人名叫钟子期，和他喝起酒来。俩人越谈越投机，相见恨晚，结拜为兄弟。约定来年的中秋再到这里相会。

　　和钟子期洒泪而别后第二年中秋，俞伯牙如约来到了汉阳江口，可是他等啊等啊，怎么也不见钟子期来赴约，于是他便弹起琴来召唤这位知音，可是又过了好久，还是不见人来。第二天，俞伯牙向一位老人打听钟子期的下落，老人告诉他，钟子期已不幸染病去世了。临终前，他留下遗言，要把坟墓修在江边，到八月十五相会时，好听俞伯牙的琴声。

　　听了老人的话，俞伯牙万分悲痛，他来到钟子期的坟前，凄楚地弹起了古曲《高山流水》。弹罢，他挑断了琴弦，长叹了一声，把心爱的瑶琴在青石上摔了个粉碎。他悲伤地说："我唯一的知音已不在人世了，这琴还弹给谁听呢？"

　　两位"知音"的友谊感动了后人，人们在他们相遇的地方，筑起了一座古琴台。直至今天，人们还常用"知音"来形容朋友之间的情谊。

　　后人有诗赞美曰：

　　　　　　摔碎瑶琴凤尾寒，
　　　　　　子期不在与谁弹？
　　　　　　春风满面皆朋友，
　　　　　　欲见知音难上难！

第八章　庄子的养生之道

《庄子·内篇》中有篇谈养生的专文即《养生主》。"养生主"意思就是养生的要领，所谓"养"，是指滋养、培养、保养、养育、修养；所谓"生"，是指生命。养生就是通过身心兼养，即"守神全形"和"保形全神"，以获得更加旺盛的生命力。

庄子认为，养生之道重在顺应自然忘却情感不为外物所滞。该文第一段是全篇的总纲，指出养生最重要的是要做到"缘督以为经"，即秉承事物中虚之道，顺应自然的变化与发展。按着庄子的观点，人的寿命有限而知识是无穷尽的，以有限的光阴追求无限的事物又自以为"智"那就太危险了。"为善无近名，为恶无近刑""缘督以为经""可以保身，可以全生"，不被"刑""名"所累，正是所谓"天所与之年，任其自尽，勿夭折之，则有尽者无尽"。

庄子的养生原则"缘督以为经"就是顺乎自然之中道知应守常安时处顺，从老庄到《黄帝内经》都体现了古人"天人合一"的自然观。天地是个大宇宙，人体是个小宇宙，说明人体要顺应自然规律，才能维持正常生命活动。"逆之则灾害生，从之则苛疾不起，是谓得道。"《黄帝内经》中的《素问·上古天真论》说：

> "上古之人，知其道者，法于阴阳，和于术数，食饮有节，起居有常，不妄作劳，故能形与神俱，而尽终其天年，度百岁乃去。"

其中的"阴阳""术数"，就是这种自然观。

现代经济社会的高节奏使人们长期处在白热化竞争气氛中，工作环境、社会环境以及家庭成员之间的价值取舍、感情投向都可能使心理极度紧张、苦闷和失望，致使情绪跌宕。当不堪忍受这种超负荷的精神压力时，这种精神和情感诉求人们自己往往就不能把握而失去自控力。

　　每一个人的一生中，总是会遭遇许许多多的不如意，并不是每个人都具备足够的解决能力，因而会产生"失落感"。由失落感所衍生的情绪反应，会使人产生悲观、失望、没有信心，甚至愤世嫉俗的心态。如果能知道天人合一的道理，"缘督以为经"就会缓解压力，克服这种消极的"灰色"心理。据说黄帝曾去崆峒山向一位已经得道的"仙人"广成子请教养生之道，广成子告诉他：

　　　　"无视无听，抱神以静，形将自正。必清必静，勿劳汝形，勿摇汝精，乃可长生。"

游刃有余

《庄子·养生主》一书讲述了一个"庖丁解牛"的故事：

　　　　厨师给梁惠王宰牛。手所接触的地方，肩膀所倚靠的地方，脚所踩的地方，膝盖所顶的地方，哗哗作响，进刀时豁豁地，没有不合音律的：合乎商汤王时候《桑林》舞乐的节拍，又合乎尧时的《经首》乐曲的节奏。

　　梁惠王说："嘻，好啊！你解牛的技术怎么竟会高超到这种程度啊？"

　　厨师放下刀回答说："我所爱好的，是事物的规律，已经超过一般的技术了。开始我宰牛的时候，眼里所看到的没有不是牛的；三年以后，不再能见到整头的牛了。现在，我凭精神和牛接触，而不用眼睛去看，视觉停止了而精神在活动。依照牛的生理上的天然结构，击入牛体筋骨相接的缝隙，顺着骨节间的空处进刀，依照牛体本来的构造，筋脉经络相连的地方和筋骨结合的地方，尚且不曾拿刀碰到过，更何况大骨呢！技术好的厨师每年更换一把刀，是用刀硬割断筋肉；一般的厨师每月就得更换一把刀，是用刀砍断骨头。如今，我的刀用了十九年，所宰的牛有几千头了，但刀刃的锋利就像刚从磨刀石上磨出来的一样。那牛的骨节有间隙，而刀刃很薄；用很薄的刀刃插入有空隙的骨节，宽宽绰绰地，对刀刃的运转必然是有余地的啊！因此，十九年来，刀刃还像刚从磨刀石上磨出来的一样。虽然是这样，每当碰到筋骨交错聚结的地方，我看到那里很难下刀，就小心翼翼地提高警惕，视力集中到一点，动作缓慢下来，动起刀来非常轻，豁啦一声，牛的骨和肉一下子解开了，就像泥土散落在地上一样。我提着刀站立起来，为此举目四望，为此志得意满，然后把刀擦抹干净，收藏起来。"

梁惠王说："好啊！我听了厨师的这番话，懂得了养生的道理了。"

这篇寓言故事阐明了庄子的养生之道。庄子认为人类社会充满错综复杂的矛盾，人们只有像庖丁解牛那样避开矛盾，"以无厚入有间"，才能"保身""全生""养亲""尽年"。这是一种消极的人生哲学。它说明世上事物纷繁复杂，只要反复实践，掌握了它的客观规律，就能得心应手，运用自如，迎刃而解。

作为独立的寓言故事，我们读后也能得到如下的启示：一切事物都有它的客观规律，只要反复实践，不断积累经验，就能像庖丁一样，认识和掌握事物的规律，做到"游刃有余"。

都说人生复杂，于是市面上有很多指导如何科学、艺术地生活的著作，但实际上被指导者看了以后，仍然还是觉得复杂，因为生活的个案实在变化太多了。也有人觉得人生本来简单，认为人生复杂是想出来的，只要自己不复杂，思想中就没有那么多的负担。但这几乎很快地被证明为是一种幻想，因为当前的社会本身就已经不是一个简单的社会了。

牛无疑也是很复杂的，庖丁解牛，为什么能一刀下去，刀刀到位，轻松简单，原因是什么？是因为掌握了它的机理。牛与牛当然各不相同，但不管中国牛和美国牛，其机理是一致的；每个人的生活也各有各的面貌，其基本原理也是近似的。庖丁因为熟悉了牛的机理，自然懂得何处下刀。生活也一样，如果我们能透解了、领悟了生活的道理，摸准了其中的规律，就能和庖丁一样，做到目中有牛又无牛，就能化繁为简，真正获得轻松。

贵在养心

人生活在错综复杂的社会中，应找出一个规律来适应现实而不致使生机受到损害。处世、生活都要"因其固然""依乎天理"，而且要取其中虚"有间"，方能"游刃有余"，避开不当的是非和矛盾的纠缠。强调在养生的过程中，既不可违背自然规律，同时也要重视人与自然的和谐。正如《黄帝内经》所云："上知天文，下知地理，中知人事，可以长久"。不提倡人们总是把目光盯在外部世界的"物"上，而是应该以天地万物的变化机理来作为调节身心的依据即所谓内省，以此达到天人和谐的至境。因此，中国的儒、释、道、医、武等各宗各派无不把"养心"作为养生的重要途径。

养心是针对日常生活中人们心理因素如压抑、不和谐、被动的个性特征而言的，养心就是恬淡虚无、精神内守，保养正气在养生中占据着主导作用，所谓"正气存内，邪不可干"。

人在社会生活中必须正确地评价自己永远保持一颗平常心，不要与自己过不去，凡事需量力而行，量力而行不是弱者，死人才是弱者。在日常生活及职场中要培养自己有一个宽广豁达的胸怀与人为善体谅他人的个性。

孔子说过：

"君子有三戒：少之时，血气未定，戒之在色；及其壮也，血气方刚，戒之在斗；及其老也，血气即衰，戒之在得。"

这说明孔子非常重视人体内气血资源的健康状况，他认为，物欲、利欲等，都会影响到身体内部的平衡，所以一定要很好地进行约束。其中"老而戒得"的观点尤其值得中、老年人深思。中、老年人历经沧桑，应该深悟生不带来、死不带去，人生只是一个过程的道理。

把人生多余的东西抛弃，就是养生之道。据科学统计表明，人真正幸福的源头竟是体力劳动。幸福就是如此简单。

养生贵在养心，贵在养一种心情，一种意境。除了爱亲人之外，留点时间、留点空间给自己。对人生美好的人生一面常抱感恩之心，保持乐观态度，自然会增加人世间的乐趣：

1. 有一个适于自己的环境，尽其所能，得其所乐。

2. 有一个和谐的家庭，爱在其中，相濡以沫。

3. 有一二知己的朋友，君子之交淡如水，以文会友，默契神游，不亦乐乎？

心放开了，就是养生。这是庄子给我们的启示。

薪火相传

庄子说："指穷于为薪，火传也，不知其尽也。"

由于获取火种十分不易，古人对火种非常珍惜。部落里派有专人看守，不时往火堆里添柴，以防火种熄灭。在古代，照明、取暖、做饭都靠燃烧木柴。木柴在古代叫做"薪"。当薪被点燃的时候，它本身的燃烧是有穷尽的，但前柴烧尽，后柴又燃，火种传续下去却是没有穷尽的时候了。

人类文明诞生的标志是火的使用。在西方神话中，火是普罗米修斯从上帝那里偷来的。偷火的英雄普罗米修斯由于给人类带来了火，自己做出了牺牲，被上帝惩罚做无尽的苦役。神话归神话，其实是原始人从雷击等天然火灾中获取了火种，从此告别了茹毛饮血的野蛮时代，开始了文明的历史。

中国传统文化的四大文明中唯有薪火相传是延续至今的文明。在传统文化中也十分重视"传承""师承"。例如道家传自老子和庄子，儒家传自孔子。道教中的全真派传自宋朝王重阳。

在庄子看来"薪"是概念"火"才是本质，"薪"不能代替"火"。他以"火"喻人类的精神文化以"薪"喻人的肉体，说明人生虽短而人类的精神文化是可以长存的。同时也揭示了形灭神存之理，证明养生之道应注重精神生活而置生死于度外。

人到中年，知识、经验日益丰富，生理、心理却开始从巅峰走向衰退，生理疲劳、生理功能的退化以及长期处于精力透支，因人际关系紧张、社会条件变化、文化意识形态等容易引起心理失衡，这些都会导致多种疾病接踵而来。我们看到一个个曾经显赫的名字在他们生命的黄金时期离我们而去，一个个熟悉的身影在灿烂中猝然辞世，让我们感叹生命的脆弱。中年是人生理、心理的"多事之秋"，俗话说"四十以前人找病，四十以后病找人。"

当我们又走过了人生的坎坎坷坷之时特别当迈进中、老年的门槛，我们重新看看庄子的《养生主》一文，或许会给我们带来某些新的启示。

养生误区

单豹和张颜都是庄子寓言中的人物，单豹注意养内，年七十而面如童颜，但不注意防外，结果被老虎吃掉了。张颜只知道追逐豪门，慕求外在的荣华，不注意养内，结果三十岁就病死了。

单豹没有注意外部环境对生命可能造成的威胁，终止了本可以更加长寿的生命；而在俗世中的张颜虽然有着丰富的物质生活，但是劳心伤神，败给了自己的内心，两个人都不是真正善于养生的人啊。

彭祖的养生之法

彭祖是轩辕黄帝的第八代传人，传说有一次尧帝得了厌食症，彭祖做了"雉羹"，用食疗的方法把尧的病治好了。他首创了食疗和气功健身，传说他因为善于养生而活了八百岁，以"延年益寿"而闻名于世。这样一位著名的老寿星，是怎样养生的呢？一起看一看庄子笔下的彭祖吧：

> 他练习吐故纳新，将肮脏的气息呼出来，将新鲜的空气吸进去；他还模仿熊攀树悬吊、鸟在高空中展翅的姿势进行肢体锻炼，以增强体质，祛病增寿。

一个人如何理解生命、理解生命和外物的关系，这对于养生来说是最根本也是最重要的。彭祖长寿不只是食疗和练气功，最重要的就是养心。一个人如果每天心性不佳、心绪不宁，势必吃不香睡不甜，干什么都心猿意马、心浮气躁，还能谈得上健康吗？

养心是针对日常生活中人们的压抑、不和谐、郁闷而言的，要抛却这些不良情绪，培养自己恬淡自然的心境。一个心情总是很抑郁的人，怎么能有一个好身体呢？那些长寿的人的共同点就是心胸宽广，不为鸡毛蒜皮的事耿耿于怀。

"养生"养的是质量，而非长度，因为就算你活得久，可是跟彭祖相比，也是短寿。所以庄子说：不要让身体成为名誉的寄托、谋略的场所和世事的负担。也就是说人不要被世俗所累。但往往是说易行难，例如，《儒林外史》中的范进因为中举太高兴了，居然得了失心疯，疯疯癫癫的，结果只好去找范进最怕的岳父胡屠夫，打了他一个大嘴巴，才把范进打醒。像范进一样为俗事名利所拘，还何谈养生，何谈有质量的生命呢？

那么，什么才是有质量的生命呢？庄子曾形象地比喻说：

山林里的野鸡，走十步才能找到一口吃的，走一百步才能找到一口喝的，却逍遥自得；而笼中的鸟儿饮食充足，羽毛光亮，但有翅难飞，蹦跳不能，无精打采。只有物欲的满足而没有心灵的逍遥，就不是有质量的生命，也不是真正的养生。

只知名利，不知养生

《庄子·列御寇》中讲了这样一个故事：

很久很久以前，有一户人家住在黄河边上，靠割芦苇、编帘子、编簸箕为生，日子过得非常贫困。

有一天，儿子在河边割芦苇，烈日当空，晒得他头昏眼花，于是他就坐下来休息。他望着眼前的河水在阳光下闪耀着粼粼波光，想起父亲说过：在河的最深处有许多珍宝，可是谁也不敢去，因为那里住着一条凶猛的黑龙叫骊龙。

他想：要是潜到河底，找到珍宝，我们一家人就用不着像现在这样一天干到晚，三顿还吃不饱，不如豁出去试一试。他把心一横，三下两下脱了衣服，一头扎进冰冷的河里。

开始他还看得见四周的小鱼在游来游去，再往深处，光线变得越来越暗，水也越来越凉，最后，他什么都看不见了，四周一团漆黑。他心里有点害怕，不知该往哪儿游。就在这时，不远处有一个圆圆的物体在闪闪发光，定睛细看，啊，原来是明珠！他憋足一口气游过去，双手抱住明珠，使劲一搋，明珠就到了他怀里。他迅速浮出水面，上岸后撒腿就往家跑。

父亲一见明珠，就问他是从哪儿得到的。他把经过一五一十地向父亲讲述一遍。父亲听了说："好险哪！这颗价值千金的明珠是长在黑龙下巴底下的，你摘它的时候黑龙必定是睡着了。它要是醒着，你可就没命了。"

在这里庄子辛辣讽刺了只见名利不懂养生保命的人。因为在一个乱世，面对暴戾的君主，任何积极的努力可能都会引火烧身。基于这种认识，庄子一生也没有做大官，始终维持着平民的贫苦生活。

信陵君的悲哀

战国四君子之一的魏国信陵君，广结天下豪杰，拥有了足以与魏王抗衡的政治实力，魏王也不得不让他三分。后来他"窃符救赵"，解救了正受秦兵威胁的赵国，建立了巨大功勋。但魏王却对他忍无可忍了，因为诸侯只知道有魏公子信陵君，却不知道有魏王。秦国施以离间之计，促使魏王剥夺了信陵君的实权。魏王担心信陵君有朝一日东山再起，将他视为心腹大患。信陵君为此谢病不朝，从此与宾客在家中夜夜豪饮，以降低人格的方式减轻魏王的戒惧。终于在公元前243年因饮酒过度得病而死。一代英豪的结局竟至如此，不能不让人警醒啊！

感恩的心

月有阴晴圆缺，人有旦夕祸福，每个人都有可能遭遇各种不幸，有的人天生丑陋，有的人身有残疾，有的人因罪受过刑罚，有的人心理遭受过创伤。在现实生活中，我们应该如何面对身体残缺和心理创伤所带来的不幸？

大家一定知道《千手观音》的领舞者邰丽华。在婀娜的舞姿背后，对于邰丽华，她付出了比常人多好几倍的辛苦。

台上一分钟，台下十年功。她顽强的毅力让我们感动，让我们心灵受到猛烈的撞击。她全身心地投入到她的舞蹈事业中，她将自己变成了一只旋转的陀螺，24 小时中除了基本的吃饭和睡觉时间，其他一切时间都是在舞蹈。找不准节拍再练，动作不对再改，一次又一次，爬起、摔倒、爬起……以至小腿上留下了一道又一道青黑的伤疤。

凭着执着的努力和天赋，邰丽华在 15 岁时，就随中国残疾人艺术团出国演出了。在很多次舞蹈比赛中，评委们根本没有发现她是一位双耳失聪的残疾人。重新燃起的生命之火让邰丽华重新认识存在的意义，她想和正常人一样生活，和他们一样的体验这个世界的丰富多彩。她爱上了舞蹈，虽然没有音乐，但是她用自己的心去伴奏。她说过："残疾不是缺陷，而是人类多元化的特点。残疾不是不幸，而是不便。残疾人，也有生命的价值。愈是残缺，愈要美丽！"

她对世界充满了感恩，她觉得自己已经注定一生都要用身体的舞蹈和心中的音乐去膜拜生命。当你看到那一个个到位的动作时，是否会发出一声惊叹？是否会觉得不可思议？但邰丽华却做到了。也许她并没有达到舞蹈的顶峰，因为学是无止尽的；但她却已经战胜了任何人。

第九章　庄子补漏拾遗

庄子是一个有趣的人，关于他还有很多趣谈，甚至还有一些东西至今还没有最终确定下来。本章主要对庄子进行补漏拾遗。

出生年代

庄子是战国时代的著名思想家，对其出生年代的说法不一，大概是因为记载其生平事迹的历史资料甚少。

我国著名的历史学家范文澜考证认为，庄子生于公元前 328 年，卒于公元前 286 年。

史学家钱穆考证认为，庄子生年当在周显王元年十年间，也即是公元前 368 年稍后。

据马叙伦所著的《庄子年表》记载庄子生于公元前 369 年，卒于公元前 286 年。现学者普遍认为庄子生于约公元前 369 年，即魏惠王元年。本书也采纳了这一说法。

但近年，也出现了庄子生于公元前 376 年的说法。他们给出了以下几条论据：

1. 《史记·老子韩非列传》记载："庄子者，蒙人也，名周。周曾为漆园吏，与梁惠王、齐宣王同时。"梁惠王在位年代为公元前 370 年至前 319 年，齐宣王为公元前 320 年至前 302 年。

马叙伦在《庄子年表》中说：《庄子》于魏文侯、武侯皆称谥（《田子方》《徐无鬼》），而于惠王初称其名（《则阳》），又称王（《逍遥游》《山木》）。所以庄周的出生年代，或在魏文侯、武侯执政的时候，最晚则在惠王初年。所以将庄子的生年定为公元前 369 年，即魏惠王初年。这只是庄子出生年代的下限。

2.《朱子语类》记曰："问孟子与庄子同时否？曰：庄子后得几年，然亦不争多。"郭沫若先生的《庄子的批判》曰："庄子的年代和孟子约略相当。"杨宽在《战国史》中说：孟子生卒年代约公元前 385 至前 305 年。由此推测，庄子生年当在公元前 385 年之后，此年为庄子出生年代的上限。

3.《庄子》记载庄子与惠施有交往，且过往甚密。据此可得，庄子与惠施同时。庄子生年后于孟子，与惠施相比又稍后，此观点已在学界达成共识。对于惠施的生年，普遍认为公元前 370 年，然而以《庄子》为线索考究，惠施的生年还应略微早些。《庄子·则阳》云：

> "魏莹与田侯牟约，田侯牟背之。魏莹怒，将使人刺之。……季子闻而耻之，曰：'今兵不起七年矣。'惠施闻之，而见戴晋人。"

由此推断，惠施适魏用事，最晚约在"田牟背之"之年，即公元前 354 年，惠施事魏当在此年之前。另外，《说苑·杂言》云："梁相死，惠子欲之梁，渡河而遽坠水中，船人救之"。所谓"梁相死"，即指魏相公叔座卒。考《史记·鞅传》，公孙座卒于秦孝公元年，即公元前 361 年（魏在此年四月甲寅迁都大梁，故称座为梁相）。这一年"惠子欲之梁"，应当超过 20 岁。由此推断其生年当在公元前 380 年前后。而庄子稍后于惠施，庄子生年约在公元前 376 年前后。

综上述之，庄子出生年代的上限为公元前 385 年，下限为公元前 369 年，又稍后于惠施生年公元前 380 年，故推定为公元前 376 年较为客观。其卒年仍以公元前 286 年为准。

庄子故里

道教兴起后，庄周被尊为南华真人，《庄子》被尊为《南华真经》。他的哲学思想，以"清静无为"为主，鄙视富贵利禄，否认鬼神存在，认为一切事物处于不断的变化之中，一切事物都是相对的，思想具有一定的辩证因素。他的文章想像丰富，辞藻华丽，富有浪漫主义色彩和幽默气氛，是先秦诸子哲理政论中文学艺术因素最为浓郁的篇章，对后世影响极大。

然而，历史上记载庄子的故里极为简略，《史记·老子韩非列传》仅说："蒙人也。"并未指明何国何处之蒙。蒙地在战国时曾有三处，庄子故里究竟在哪一处，歧说不一，至今争论未息。

1. 故里是山东冠县。裴骃《史记集解》曰："《地理志》，蒙县属梁国。"梁国即魏国，魏迁都大梁后又称梁国、魏国疆土犬牙交叉于列国之间，西起今陕西，中经河南；河北，东至山东。战国时，有一个蒙县设在今山东冠县境内，《汉书·地理志》也曾说蒙县属梁国，所以庄子的故里在山东冠县。

2. 故里是河南商丘。司马贞《史记索隐》引刘向《别录》云：庄周，"宋之蒙人也"。宋国为殷商后裔，其地位于今河南东部，以及接近河南的山东、安徽、江苏的部分地区。商丘曾是宋国都城。《史记·宋微子世家》言："杀滑公于蒙泽。"《集解》注引贾逵语曰："蒙泽，宋泽名也。"又引杜预的话说："宋地梁国有蒙县。"原来，这个"梁国"不是指魏国，而是指宋国的某地，它的内部有一县，叫做蒙县。郦道元《水经注》于汲水系蒙县下曰：

"即庄周之本邑也。（庄周）为蒙漆园吏，郭景纯（郭璞）所谓漆园有傲吏者也。悼惠施之没，杜门于此邑。"

汲水自西向东，流经河南商丘之北。可见，庄子故里应在河南商丘。

3. 故里是安徽蒙城县。《史记·老子韩非列传》记载了这样一件事：楚威王闻庄周贤，派使者持重金去请他，并许以为相，庄周不为所动，笑辞楚使，终身不仕。

张守节《史记正义》也曰：

"庄子钓于濮水之上，楚王使大夫往，曰：'愿以境内累。'庄子持竿不顾。"

据《水经注·淮水篇》记载，"濮水即沙水之兼称"，而当年沙水即流经今安徽涡阳、蒙城一带。北宋元丰元年（1078），曾建庄子祠于安徽之蒙城县，苏轼为之作《庄子祠记》，当时王安石《蒙城清燕堂》诗，有"民有庄周后世风"句。既然安徽蒙城县有庄子祠，庄子故里就该在此。

庄子为人

庄子的思想在当时毋庸置疑带着些许反动色彩，例如他说："彼窃钩者诛，窃国者为诸侯"。这句话太尖锐、太深刻、太恣意，亦因此不被各路诸侯所采纳，尚幸他一不求位高权重，二不求锦衣玉食，于是乎依旧做他的漆园吏，依旧著他的《逍遥游》，依旧藏身于陋巷之中，咀嚼着那饿不着、撑不死的俸禄。庄周不若孟轲斗志昂扬地游说诸侯逞尽辩才，他只是躲在偏僻的地方自己说给自己听，一任满腹经纶跃然纸上，任才华横溢细水长流。

历史之流宛如滔滔江水，颇有一泻千里、永不回头之势。奴隶制的西周绝迹于诸侯割据的滚滚烟尘，继之是春秋五霸、战国七雄的尔虞我诈、混战厮杀，"大一统"前的四分五裂是这方广阔而灵秀的土地在重生前最后的阵痛！

庄周并不是在这场撕心裂肺的阵痛中唯一挣扎的人，他能够在最终潇洒地淡出，而不是狼狈地逃遁。他曾用一只环来比喻社会，说人世间的一切冲突搏杀、你死我活、血溅泪洒皆在环上进行；环上的任何一点都可能成为斗争双方的立场；如你不想有危险，就只能悬浮在圆环的空虚处，环上的是非，你不必参与，其含义便是对事物的演化，既不应去推动，也不应去抵制，最好是顺其自然。当时觉得这样的观点太消极、太圆滑，不像大丈夫所言。看过"文景之治"，才发现：对于没有太过丰厚物质积累的社会而言，无为而治似乎存在得更为合理。

有时觉得庄周难免是有些自相矛盾的。他一生渺看世事若过眼云烟，又时而对世情冷暖出言批驳，词锋锐利毫不姑息。

庄周一次见梁惠王时身着麻布长袍，襟上补疤，提脚跨上阶陛时，袍带和鞋带都挣断了，惠王问："庄先生为何如此窝囊？"庄周说：

"不是窝囊，贫穷罢了。读书人有抱负没法施展，那才是真窝囊。读书人窝囊，皆因生不逢时，正如鄙人。你看那跳跃在树梢上的长臂猿，让它栖息楠梓樟一类的乔木林，攀缘高枝，往来自如。若斩尽乔木逼它逃入钩棘枳橘一类有刺的灌木丛，行动躲躲闪闪，一身战栗，难道是抽筋断骨了吗？当然不是。处境不妙，无法施展自己的本领而已。现如今，上坐昏君王，下立奸宰相，有抱负的读书人夹在中间，要不窝囊，谈何容易！"

如此这般的措辞，梁惠王自然不敢恭维，这大概也就是才高八斗的庄周为什么捞不到一官半职的原因了。

庄周难免是有些无辜的。年轻时的才华外溢、不知韬晦竟曾引得知交惠施彻查梁国都城三昼夜搜捕之，只因担忧庄周要抢他相爷的肥差。惠施永远都不会相信——庄周只是基于一份真挚的友情、一腔念旧的热情，才远道赶来的——很久不见，想看看朋友——仅此而已。

诸子百家，缘何独独钟情于他呢？

也许是因为他为人够傲，损人够酸，文章够辛辣，文采够光芒。的确，他活得不够四平八稳，活得不够风光煊赫。但是，他活得够恬淡、够畅然、够舒逸、够内涵、够浪漫。灼人的烈焰是他的内核，绝对的洒脱是他的内在，嶙峋的怪石是他的风骨，碧空的游云是他的情怀！

论忠君爱国，他不如屈原：屈原尽己之能辅佐怀王，受诽谤遭流放仍与楚国誓同生死；而庄周则譬如一羽散居在山林的野鹤。论劳苦功高，他不如孔子：孔子历尽坎坷周游列国，虽真知灼见不为所用仍兢兢业业教书育人；而庄周则恰似一尾徜徉碧水的游鱼。论攻防之道，他不如孙武：孙武尝言论战精辟缜密，知己知彼，百战不殆；而庄周则全然一位闲庭信步的隐士。论经天纬世，他不如韩非：韩非的"明主之国，无书简之文，以法为教；无先王之语，以吏为师"波及中国历朝历代，一部《韩非子》应现于秦始皇的"履至尊，治六合"；而庄子，除去汪洋恣肆的锦言妙句之外，似乎对后世谈不上什么大的影响与震撼。

但庄子就是庄子，他尽可按照自己的方式去存在。他不刻意去度量规划旁人，自然也不希望旁人多留意瞩目他。优游自在淡泊名利隐于江湖，甘心寂寞出世脱俗匿于荒野。不谋一官半职，不求功名利禄，不守俗礼陈规，不食人间烟火——这就是庄子，这才是庄子啊。

庄妻死后，庄子非但不悲不恸，反而拍击着瓦盆吟唱着歌儿。庄子是永远也解析不完的。"诗的婉约，哲的彻悟，尽现于庄子"可以概括庄子的思想。

儒道之争

庄子笔下的儒道之争又是怎样的呢？

在庄子看来，儒家是最大的对手，几乎整部庄子都在与孔子争论。这是因为他认定儒家学说最易惑众、最难对付。但是不是还出于南北对抗的分庭抗礼心态？庄子对儒家，尤其是对孔子的态度非常复杂，钦佩有之，褒扬有之，讥讽有之，贬抑有之，怒斥有之。是道不同不相与谋，还是道相近而"术"不同？是水火不容，还是阴阳互斥？

"仁义"二字被视为儒家思想的标志，"道德"一词却是道家思想的精华。

在先秦，"道"意味着天道，"德"意味着有所得。人的"有所得"中最大的德便是一种合适的生活。所以，由道而德，顺道而行，就是天人合一，人道与天道打通，人的生活道路获得了终极根据。

天道作为体会认知的结果是不可怀疑的，因为怀疑是一种理性行为，而体会认知则超理性，属于信仰层面。因此，"天人合一"之德也是不可怀疑的，值得怀疑的倒是某种伦理规范：它究竟合不合道德？进而，也可以发问：某种社会设置、社会思潮，合不合道德？这是道家一切批评的出发点。

儒家伦理可用两个字概括：礼和义。《礼记·中庸》中说："仁者，人也；义者，宜也。"而"宜"本是祭祀之礼所用的器具（俎），义宜同源，亦是此意，后泛指祭礼。《礼记·礼器》中说："服器，仁之至也；宾客之用币，义之至也。故君子欲观仁义之道，礼其本也。"《说文》段注："义之本训谓礼容各得其宜，礼容得宜则善矣。"

因而，从合乎礼义亦能得出伦理学上的"善"。本来孔子已把仁提升到"道德"层面的善，但又不时回到礼义规范层面的善。这种形而上与形而下的结合是必需的，否则仁就要落空。但这又是一个经典难题：出于礼义的规范不会天然地符合道德。比如很多儒家所赞许的伦理规范既不合自然无为之旨，亦不能由仁合乎逻辑地导出，反而有成为人性枷锁的可能，从而为道家所诟病。

道德则不一样，它出于对道的体会认知，出于人的最高价值和终极目标而设定的，本身具有绝对自足性，是最终评判的原则。仁便是如此，无论是仁心、仁人还是仁行，皆是为了使人向好和更好的方面发展。但是，正是我们上面所说的，仁必须落实为现实行为才有伦理学上的意义。为此，孔子利用了一个最易打动人心的方面："孝悌也者，其为仁之本欤？"孝是孝敬父母，悌是友爱兄长，人之常情常理，谁敢不从？但是，从长幼之节如何能类比出君臣之义？如何能推广为忠义之道，如何能得出夫妇之礼？更何况孔孟之后，"三纲""五常"犹如十五道枷锁捆住了芸芸众生的本性和中国前进的步伐？所以对儒家来说，困难就是由仁引出的原则如何与古之礼制的规范合理地衔接，更大的困难则是这两套规范如何用于礼崩乐坏、人心不古的春秋战国？

因而孔子中庸，庄子孤绝。

孔子社会批判的双重标准自是由睿智的洞察力和热忱的希望产生的，但作为社会政治理想，一进入实践层面，如果不假设一个"内圣"兼"外王"的人，又怎样避免失败的命运呢？也许孔子认定人类经过据乱世，能够奋斗到太平世界，但以古之礼乐制度能做到吗？古之礼乐制度既已崩坏，又怎样把它实现出来呢？

所以庄子在《齐物论》中说："自我观之，仁义之端，是非之途，樊然淆乱，吾恶能知其辩？"庄子仅自天道理想批判现实，实际上有失偏颇，但他若只求个人之逍遥，而无意去建立一个良好的社会，在逻辑上能讲得通，而且具有永恒效力。既然仁义之道的弱点在于它没有取得好的社会效果，这就首先成为庄子批判的重点。

而为了批判，为发泄浓烈的激愤之情，庄子实际上把仁降格到规范层次，从而庄子在《知北游》中说："失道而后德，失德而后仁，失仁而后义，失义而后礼"。具体表现在以下几个方面：①仁义不合人的自然本性。所谓自然本性，就是曲者不因弯钩而曲，直者不因准绳而直，圆的不因圆规，方的不因尺矩。天下万物皆自然而生，但不知道它们是如何生出来的；②仁义扰乱人心；③仁义之道为盗贼之道提供了逻辑上的合法性；④仁义之道是大乱之本。

庄子固然希望无为而治，而不是礼乐治国。庄子真正的态度也许是：他对社会完全绝望了，无论任何一种有所为的道术都不足以治世，而无为而无不为的道之整体既已分裂崩解，后世之人绝对无计能重视内圣外王之道。

但儒家则不然。

儒家之所以区别于道家、佛家，其最大的特征就在于儒家始终怀抱着不敢忘天下的入世情怀，始终不愿出世而留在人间，希望担当天下大任，始终执着于要在人类的历史文化中来实现"凡有血气，莫不尊亲"的道德理想，始终不放弃在政治混乱邪恶的现实世界，通过自己艰难困苦的政治实践来追求未来世界的"大同"希望。因此，庄子与儒家之争的原因在于他们的关注点不同。在《大宗师》中，庄子托孔子之口说："彼游方之外者，而丘，游方之内者也。外内不相及。"

仁义亦是异物、外物，可假借而不可执持，可忘而不可守。所以庄子在《天运》中说：

"仁义，先王之蘧庐也，止可以一宿而不可久处，觏而多责。古之至人，假道于仁，托宿于义，以游逍遥之虚，食于苟简之田，立于不贷之圃。古者谓是采真之游"。

正是在"方之外"的意义上，在个人逍遥的问题上，仁义之道不适宜的。比如庄子在《大宗师》中说了"意而子"见许由的故事：

许由说："尧教你什么了？"
意而子说："尧对我说：你一定要躬服仁义而明言是非。"
许由说："那你还来我这儿干什么？尧既然已经以仁义给你在脸上刺了字，已经用是非给你做了割鼻手术，你以后还想不想游于逍遥恣纵、无拘无束的境界啊！"

回过头来看，我们可以发现庄子对孔子仁义之道的批评主要是针对个人生命问题，而社会政治、社会教化次之。所以在批评中，庄子常常把仁降格到伦理规范层次，或仅作为天道的一个方面来批评，而孔子在理论上仁与规范衔接的不充分性，又为庄子提供了批评的口实。

在庄子看来，个人生命问题的解决要远远大于社会问题，前者的解决是解决后者的前提。当后者无法解决的时候，不妨撒手不管，而求个人逍遥。

那庄子岂不是像"拔一毛以利天下而不为"的杨朱了？不是。杨朱认为生命可贵，庄子也认为生命可贵，但杨朱贵生以纵欲，纵欲而贵生。庄子无欲，他追求的是生命的全部、终极，而不是物欲。

那么庄子是不是极端个人主义呢？显然不是。社会之所以为社会，首先因为有一群处于互动关系中的人，而社会之所以不同于简单的个人元素集合，乃是因为它对于每个人来说是达到秩序和福利的手段。社会比个人强大有力得多，但决不应成为凌驾于个人之上的东西。一个社会被称为良好的，只是因为它的制度和设置能够使每个人都可能去创造自己的幸福生活。但一个良好的社会并不能代替个人生活，再好的社会也不可能没有人生的悲剧，而无论在任何社会，追求个人幸福是每个人唯一可能做到的，是天经地义的。

庄子并不是在逃避社会，他只是想以完整的生命去生活，而要做到这一点就必须要避免被卷入喧嚣和庸人自扰之中，不成为牺牲品。在庄子看来，真正的生活是自然而然的，因此不需要去教什么，规定什么，而是要去掉什么，忘掉什么，忘掉成心、机心、分别心。既然如此，还用得着政治宣传、礼乐教化、仁义劝导？这些都是荀子所说的"伪"，庄子是不会做这些的。

这便是庄子的追求：道德之乡而不是仁义之道。如果不站在坐忘的境界、天道大通的视角来批评仁，只能落入各执一端的争论，其结果自然只能是无是无非。而如果站在天道的角度上，仁并不错，只是有不足的地方，因而不能偏执，偏执是"非"，不偏是"是"。无所执着，亦无是无非，却能解决人生问题。宋明的理学、心学都是在回应庄子，试图在心性理论中消化庄子、批评庄子，因而实得益于庄子。

"心不存仁而自仁，不存义而自义，不存礼而从心所欲不逾矩，不劳神伤形以求知而自智，心中无信而从不失信"，这才是最高境界。

为人之道，当先治心，而礼乐次之。治心之道，当先去成心，而仁义次之，没有了成心，仁义就不存在了，而无不合于仁，无不合于性。所以庄子批评孔子"明乎礼义而陋于知人心"，虽不尽恰当，但从儒家为人所重视的一面来说，又不无道理。后世大儒如程朱陆王（程颐、程灏、朱熹、陆象山、王阳明）力补此偏，开拓心性之学，颇有贡献。

只有忘仁义、只有大仁不仁，才能达到至仁。有这样一个故事可以表明庄子的这个观点：

商太宰问仁于庄子。庄子说："虎狼，也有仁。"太宰问："这是什么意思？"庄子说："虎狼也有父子相亲，何为不仁？"太宰问："什么是至仁？"庄子说："至仁无亲。"太宰问："我听说，无亲则不爱，不爱则不孝，您倒说至仁无亲，对吗？"

庄子说："不是，至仁的境界很高，孝不足以说明它……以敬来行孝容易，但以爱来行孝就难了；以爱行孝容易，以忘来行亲情难；忘亲易，使亲忘我难；使亲忘我易，兼忘天下难；兼忘天下易，使天下兼忘我难。既然能蔑视尧舜的德行尚且不足，能够泽施万世而天下不知，那么还用得着叹息着讲仁和孝吗？什么孝悌仁义，忠信贞廉，都是被称为美德实际上是为之所役使而失去了真正德行的，不值得推崇。所以说，至贵，是视一国之爵如无物；至富，是视举国之财如粪土的；至愿，是视名誉如敝屣的。因此大道永恒不变。"

人生追求

儒道两家向来非常重视人生意义问题。庄子对他所在的那个大动荡时代的人的痛苦境遇体验深切，他始终以哲人的慧识关怀着个体的解脱。他在《庄子·齐物论》中发问道：

> "终身役役而不见其成功，苶然疲役而不知其所归，可不哀邪！人谓之不死，奚益！其形化，其心与之然，可不谓大哀乎？人之生也，固若是芒乎？其我独芒，而人亦有不芒者乎？"

庄子在深思：芸芸俗生终日忙忙碌碌，疯狂地追逐名利，无情地侵害争夺，获得了什么成功？这样活着岂不丧失了人的内在价值？对于人生的意义与人的归宿，人们难道不是确实存在着蒙昧吗？庄子这样的发问已直接取向于对生存的意义的具体感受：对苦乐的思考。

孔子的时代是庄子所处的战国时期的序，个体生存的苦处要少一些。当时，主要是"礼崩乐坏"、政道废弛，结果出现了"仁义不施"的人伦危机。整个士阶层以其"独醒"的忧患意识，感叹国无纲纪。因而，孔子主要从社会道德危机入手来规划人生的社会使命。孔子对个体人生的生存体验可能不及庄子，他侧重于社会环境的整饬，并且认识到必须以个体的人生的调节来拯救世风。可以说，庄子要解决的是个体安身立命的问题，而孔子则赋予自己以"任重而道远"的社会责任，他把自我的价值与社会的价值联系起来。他认为人生要有意义，就要弘道践道、改造社会。对此，孔子在《论语·雍也》中说："知之者不如好之者，好之者不如乐之者。"此种"乐"，是人生价值的胜义。

庄子的人生价值观可以从他与惠施在濠上观鱼的对话中表现出来。《庄子·秋水》载，庄子与惠施曾游于濠梁之上，庄子睹物思人，触类旁通，说："鯈鱼出游从容，是鱼乐也。"庄子相信"鱼之乐"是有内在原因的。庄子的人生观承起自然天道观，对人生的痛苦体验，使得庄子向社会之外寻觅人生的乐趣，自然美感正好可以充实他的生存体验形成的空虚。

从某种意义上可以说，庄子的哲学开始于自然审美观，由自然美过渡到生存美，进而思考自然和社会的关系，这形成了他的自然哲学化的人道哲学。

天道、自然和人事的不同之处，是庄子的人生之乐和他的虚无境界哲学的活水源头。庄子视鱼犹得道之人，水犹道体。鱼们无贪欲、无纷争、无私藏，恬淡淳朴，"是谓反其真"；无智，相处如忘我，无思无虑等等，几乎吻合于庄子的随俗浮游的世俗生活态度。鱼可以说是庄子生存美的意向的对象物，"鱼之乐"可以说全面呈现了庄子的人生哲学。以至于我们可以说，庄子是一个"鱼化"的形象。

尽管孔、庄不同道德范式的客观效果一致，但是包含的对立并未因此消除。孔子主张通过社会道德工具引导和规范人的行为，而庄子则借自然性否定道德作为社会工具的功能。庄子虽然肯定人的目的性价值，但拒斥使这一价值得以实现的社会工具。因为，他认为道德工具会使人本身异化为工具性的人，成为虚设的仁义的牺牲品，道德工具最终将导致人丧失本心真性。

附录：庄子年谱

公元前 369 年，即周烈王 7 年、宋桓侯 12 年

庄子出生于蒙城。

公元前 341 年，即周显王 28 年，魏惠王 29 年

庄子至魏，往见惠施，惠施为魏相，庄子前去拜访，有的人说庄子想夺其相位。惠施很恐慌，庄子当面向惠施说这是误会。

公元前 339 年，即周显王 30 年，楚威王 1 年

楚威王听说庄子贤，派人持币来迎接，并许以相位。庄子却以神龟、牺牛为喻，说明自己宁愿过贫贱的生活，而不愿接受高官后禄卷入险恶的仕途。

公元前 334 年，即周显王 35 年、魏惠王后元 1 年

庄子见魏惠王庄子穿着破衣、破鞋去见魏惠王。惠王问庄子为何如此疲惫。庄子回答说：是贫穷，不是疲惫。贫穷常给人的精神以两种完全不同的影响：它可能是一种沉重的压力，使人的精神萎靡、颓丧下去；它也可能是一种净化、激化剂，使人的精神高洁、超越起来。

公元前 328 年，即周显王 41 年、齐威王 29 年

庄子讥讽"见宋王者"，有人拜见宋王，得到十辆车子的赏赐，向庄子夸耀。庄子认为，有人在九重深渊龙颌下摘得宝珠，一定是因为龙正在睡觉，等到龙醒来，便会被吞食无余；同样，现在能得到车子，一定也是因为宋王正在睡觉，等到宋王醒来，你就要粉身碎骨了。

公元前 325 年，即周显王 44 年、宋君偃后元 4 年

庄子讥讽宋人曹商"舐痔"。宋人曹商为宋王出使秦国，得到车子百辆。回到宋国，对庄子说：住在穷里陋巷，窘困地织鞋度日，饿得面黄肌瘦，这是我所不及的；一旦说动万乘君主，便可从车百乘，这是我的所长。庄子说：秦王有病召请医生，能够能够使毒疮溃散的可获得一乘车，舐痔疮的可获得五乘车，所医治的愈卑下，可得车辆愈多。你难道是医治痔疮吗？为什么得到这么多车辆呢？

公元前 322 年，即周显王 47 年、齐威王 35 年

庄子、惠施于濠梁辩"鱼之乐"。惠施失去魏相后，与庄子一度紧张的关系也得到缓和。二人游于濠水的桥上，展开了著名的"鱼之乐"的辩论。

公元前 312 年，即周赧王 3 年、齐宣王 8 年

庄子妻死，惠施吊之。庄子妻死，惠施去吊丧，见庄子鼓盆而歌，感到不解，认为其太过分了。庄子却以为，人之生，来自自然；人之死，又返于自然，人的生死如四时的运行，相送以嗷嗷哭泣，岂不是欠通达明理。

公元前 286 年，即周赧王 29 年、宋君偃后元 43 年

庄子约卒于此时。